AF284794

Horst Schörshusen

Der Algorithmus des Universums

Der Sinn des Ganzen

Teil II

Zum Autor

Horst Schörshusen

Diplom-Politologe und Politiker, war lange Jahre in Leitungsfunktionen in der niedersächsischen Landesverwaltung tätig. Hat Politikwissenschaften, Soziologie und Volkswirtschaftslehre in Hamburg studiert. Wohnt in Hannover, ist verheiratet und hat drei Kinder.

Er beschäftigt sich seit vielen Jahren mit wissenschaftlichen und spirituellen Themen. Hat bereits zwei Bücher zum Thema „Sinn des Ganzen" geschrieben und eine eigene Philosophie dazu entwickelt. Jetzt hat er dazu eine Trilogie veröffentlicht.

Horst Schörshusen

Der Algorithmus des Universums

Der Sinn des Ganzen

Teil II

Für

Marco, Rabea

Lara und Christine

Impressum:

Bibliografische Information der Deutschen Nationalbibliothek:
Die Deutsche Nationalbibliothek verzeichnet diese Publikation in der Deutschen Nationalbibliografie; detaillierte bibliografische Daten sind im Internet über http://dnb.dnb.de abrufbar.

© 2021 Horst Schörshusen

Herstellung und Verlag: BoD – Books on Demand, Norderstedt

ISBN: 9783753490762

Inhaltsverzeichnis

Einleitung

Die verborgene Wirklichkeit

Ich glaube, dass die Corona-Krise der Jahre 2020 und 2021 der Anfang für etwas sehr Wichtiges wird, nämlich die Überprüfung unserer Einstellungen zum Leben, zum Arbeiten und zum Sterben. Vieles wird auf den Prüfstand gestellt werden müssen. Wir werden uns verstärkt fragen, welche Rollen die Naturwissenschaften, die globalisierte Ökonomie und die verschiedenen Religionen zu einem überlebenswichtigen Verständnis von uns selbst spielen und warum wir bisher bei der Rettung unseres Planeten versagt haben.

Wir werden möglicherweise erkennen, dass unsere heutige Wahrnehmung der Welt mit der wirklichen Welt wenig gemein hat und dass uns diese Wahrnehmung daran hindert, den nächsten Evolutionsschritt des Homo sapiens bewusst vorzubereiten. Der Physiker und Philosoph Carl Friedrich von Weizsäcker (1912 – 2007) schrieb:

„Es ist wohl möglich, dass die heutige Weltkultur sich zugrunde richten wird. Die Frage, die wir jetzt stellen, ist aber: Wenn sie überlebt, welcher inneren Logik müssten dann ihre Wahrnehmungen folgen?" [1]

Unsere Welt ist gerade nicht ein linear berechenbares System mit einfachen Wechselbeziehungen, sondern in hohem Maße unbestimmt, unbekannt und überraschend. Der menschliche Verstand wirkt dabei wie ein Filter. Mehrdimensionales wird auf möglichst eindimensionale Ursache-Wirkungsketten reduziert. Unwahrscheinliches wird am besten herausgerechnet. So entstand eine Kontroll-Illusion, die den Homo sapiens und seine Techniken aber auch groß gemacht haben. Dabei sind allerdings menschliche Gefühle und die Intuition als subjektive Beigabe entwertet worden.

Heute merken wir, dass das blinde Vertrauen in unsere rationale Auffassungsgabe verhindert, unser geistiges Potenzial weiter zu entwickeln und zu nutzen. Einerseits werden wir „Künstliche Intelligenzen" schaffen, die uns viele Aufgaben abnehmen können. Andererseits werden wir an uns selbst arbeiten, um unsere Fähigkeiten zur emotionalen Intelligenz auszubauen und unsere Intuition verstärkt zu nutzen, um komplexe mehrdimensionale Phänomene zu verstehen. In diesem Sinne stehen wir möglicherweise am Tor zur Weiterentwicklung des Homo sapiens.

Der Homo sapiens ist mit seinem auf Logik und Mustererkennung programmierten Gehirn sehr weit gekommen. Die Fähigkeit, Ursache-Wirkungsketten zu erkennen, hat die mechanistische Wissenschaft vorangebracht und uns viele Anwendungen beschert. Die Entwicklung des Universums zeigt sich in der Zunahme von Vielfalt und Komplexität. Wir tun so, als hätten wir ein geschlossenes System vor uns, von dem wir ein Teil sind. Wir unterstellen, dass der Erhaltungssatz zur Energie auch universell gilt, obwohl wir heute viele energetische Prozesse - besonders in den Schwarzen Löchern und dem „Null-Energie-Feld" – studieren können, die darauf hinweisen, dass das System Universum nicht geschlossen ist. Offene Systeme müssen anders beschrieben werden, weil sie permanent Informationen und Energie mit anderen Systemen austauschen. Wenn diese Systeme dann noch aus vielen verschiedenartigen Elementen bestehen, die in Wechselwirkung zueinander treten, macht eine Beschreibung mit Hilfe von Ursache-Wirkungsketten keinen Sinn mehr. Es gibt Wissenschaftsrichtungen wie die Kybernetik und die Systemtheorie, die sich mit komplexen offenen Systemen beschäftigen und beispielsweise folgendes feststellen:

„Die Wechselwirkungen zwischen den Elementen eines komplexen Systems sind spezieller Art: Sie sind nicht linear." [2]

Wir sind Teil eines mysteriösen Universums. Dieses ist nach menschlichen Maßstäben riesig, sehr alt und in einem ultrakurzen Augenblick entstanden. Die sichtbare materielle Welt ist nur ein kleiner Teil davon. Die Raumzeit dehnt sich immer noch aus und beschleunigt sich sogar.

Wenn wir wollen, können wir überall Teile einer künstlichen Intelligenz bzw. eines übermenschlichen Algorithmus entdecken. Dieser verbirgt sich möglicherweise im strukturierten Aufbau der Elementarteilchen, der wirkenden Grundkräfte, der Naturkonstanten und dem genetischen Code. Vielleicht ist das alles auch nur das Ergebnis von zufälligen Entwicklungen aufgrund minimaler Abweichungen. Gibt es vielleicht unendlich viele Paralleluniversen und wir leben in einem davon, in dem das Unwahrscheinliche Wirklichkeit geworden ist?

Es gibt viele Denkmodelle über das Wesen des Universums, die sich aber gegenseitig ausschließen. Welche Rolle spielt dann die Gattung Homo sapiens in dieser riesigen Welt? Hat der Mensch noch eine

Zukunft und werden die von uns geschaffenen künstlichen Intelligenzen auf ihre Schöpfer Rücksicht nehmen?

Hat ein Mensch unter fast 8 Mrd. Menschen überhaupt eine Bedeutung oder kommt es auf einen einzelnen Menschen nicht mehr an? Wenn es nur darum gehen sollte, dass die Gattung Mensch überlebt, wie dies von einigen Evolutionsbiologen postuliert wird, dann wäre die Frage nach dem Sinn eines einzelnen Lebens wohl überflüssig. Möglicherweise wäre dann die Entwicklung von einzigartigen Individuen mit einem „Selbst-Bewusstsein" das eigentliche Problem. Ich-bewusste Menschen würden dann nämlich nicht erkennen können, dass sie zu einem Ganzen gehören und sich wie Krebszellen verhalten und anderen Zellen die Lebensgrundlagen rauben.

Schon jetzt gibt es einen internationalen Wettbewerb um die optimale Gesellschaftsform. Wir sind uns sicher, dass die sogenannten freiheitlichen Marktwirtschaften und Demokratien die Probleme der Zukunft am besten lösen können. Es gibt aber auch Länder wie die Volksrepublik China, die die Zukunft in einem zentralistisch kontrollierten Staatskapitalismus sehen und individuelle Menschenrechte als gefährlichen Luxus bewerten. China behauptet, dass sie die Herausforderungen der Zukunft (Umweltprobleme, Wohlstandsverteilung, Pandemien und Überbevölkerung) besser bewältigen können als die westlichen Industrieländer. Möglicherweise lässt sich der Freiheitsgedanke nur retten, wenn diese Systeme gleichzeitig Erfolge bei den Themen Umweltpolitik, Gesundheits- und Sozialpolitik vorweisen könnten. Die Krise der Politik zeigt sich nämlich nicht nur bei der Bearbeitung von komplexen gesellschaftlichen

Problemen, sondern auch an der fehlenden Entscheidungsfreudigkeit und reduzierten globalen Verantwortung.

Vielleicht gefährden wir uns und unseren Planeten nur deshalb, weil wir ein Fehler eines Evolutionsprozesses sind? Wir sind offensichtlich die einzige Spezies auf unserer Erde, die einen freien Willen besitzt und sich nicht programmgerecht verhalten muss. Bisher haben wir aber nicht gelernt, dass diese Freiheit auch eine neue Verantwortung bedeutet. Eine Verantwortung nicht nur für das Überleben unserer Art, sondern eine Verantwortung für das Ganze.

Vielleicht sollten wir die nächste staatenbildende Art hinter den staatenbildenden Insekten wie Termiten, Ameisen und Bienen etc. werden? Diese bieten ihren Mitgliedern höchstmögliche Überlebenssicherheit in einem feudalistischen System mit einer klaren Arbeitsteilung. Entweder gehört man darin zur Klasse der Arbeiter oder der Klasse der Soldaten oder man produziert Nachkommen oder man befruchtet irgendwann einmal die „Königin". Die Teile kümmern sich nur um das Überleben dieses einen Staates und sehen in konkurrierenden Systemen eher eine Gefahr, die beseitigt werden muss.

Auf den Menschen übertragen, beschreibt dies eine Organisationsform von Nationalstaaten, die um die Ressourcen der Welt konkurrieren. Es gibt nicht wenige politische Kräfte, die diese Lebensform als naturgegeben ansehen und trotz der internationalen Arbeitsteilung und Vernetzung in das vergangene Zeitalter der von Familien, Eliten bzw. Clans dominierten Nationalstaaten zurückwollen. Für einzelne selbsternannte Eliten ist das sicher eine angenehme Vorstellung und ein wünschenswertes Ziel.

Aktuell könnte man den Eindruck gewinnen, dass diesen machtvollen und finanzstarken Netzwerkern die Zukunft gehört und sich alle anderen deren Zielen unterordnen müssten. Mit Sicherheit wären dann die Menschheit und die Erde als Ganzes dem Untergang geweiht. Niemand wäre dann nämlich bereit, die Verantwortung für das globale Ganze zu tragen. Die einzelnen Gruppen wären nur an den wachsenden Vorteilen für sich selbst interessiert.

Vor diesem Hintergrund steht eine vorurteilsfreie Inventur und Bewertung unserer philosophischen und politischen Weltbilder und Überlebensstrategien auf der Tagesordnung. Dabei müssen wir wieder einmal erkennen, dass sich die Welt nicht um uns dreht.

Dieses Buch behandelt den zweiten Baustein zu einem neuen Verständnis unserer Welt und zum Sinn des Ganzen. Dabei geht es um die mysteriösen Gesetze, die im Makro- und Mikrokosmus wirken und insbesondere durch die Quantenphysik neu bewertet werden müssen. Die Welt, in der wir alle leben, ist ein großartiges und geheimnisvolles Konstrukt. Um den Sinn des Ganzen zu verstehen, ist ein überarbeitetes Verständnis des heutigen Wissens unserer Naturwissenschaften erforderlich. In den letzten 100 Jahren hat sich unser Weltbild fundamental verändert. Dies müsste auch unser eigenes Selbstverständnis als Mensch verändern. Doch selbst die Generation, die aktuell in der Schule auf ihre zukünftige Lebens- und Arbeitswelt vorbereitet wird, erfährt hiervon verhältnismäßig wenig.

Gerade die „Generation Z" - die zwischen 1997 und 2012 Geborenen - ist die Generation des Internets und der Sozialen Netzwerke mit einem fast unbeschränktem Zugang zum Wissen der Menschheit. Keine Generation hat mehr Möglichkeiten zur Wissensentwicklung bekommen. Die Informationsflut nimmt weiter exponentiell zu. Die Entscheidung, was für die Zukunft wirklich wichtig ist und in den „Kerncurricula" (Rahmenrichtlinien) der Schulen behandelt werden sollte, ist vor diesem Hintergrund sicher schwierig. Die Vorgaben der Kultusministerien führen schon jetzt dazu, dass die Jugendlichen fast keine Freizeit mehr haben und der Unterrichtsstoff eigentlich vermindert werden müsste. Möglicherweise erfahren die Schülerinnen und Schüler auch etwas über Quantenphysik und über unsere astrophysikalische Wirklichkeit. Dabei wird Astrophysik meistens nur als „Lernplanalternative" angeboten.

Bildungspolitisch wäre es schwer zu verantworten, wenn die Schülerinnen und Schüler vor ihrer spezialisierten Berufs- und Ausbildungswahl kein Gefühl für ihr Lebensumfeld bekommen würden, das vom Universum und der Quantenwelt flankiert wird. Es scheint, dass sich die Einstellungen der Pädagogen zu diesen Weltbild-Themen langsam ändern. Der Philologenverband hat beispielsweise 2020 sein Magazin „Profil" schwerpunktmäßig „Eine neue pädagogische Astronomie und Astrophysik für einen Unterricht der Zukunft" benannt und besonders die interdisziplinäre Verknüpfung mit vielen anderen Fächern herausgestellt:

„Hier wird deutlich, dass astronomische Kenntnisse unverzichtbar sind, will man die Fragen nach der Orientierung des Menschen in der Welt, nach seinem Denken und Handeln, nach dem Sinn seines Lebens beantworten." [3]

Der Physik- und Religionslehrer Peter Maier hat nach seiner eigenen

Darstellung bei der Verknüpfung von Naturwissenschaft und Religion eine „Sternstunde der Pädagogik" erlebt. In einer 8. Klasse hat er die Schöpfungsmythen früherer Völker und der Bibel (Genesis) mit wissenschaftlichen Erkenntnissen zum Urknall, den Schwarzen Löchern und der Evolutionstheorie verbunden und seine Schülerinnen und Schüler aufgefordert, dazu Fragen zu stellen („Wer hat recht?). „Die Köpfe rauchten", es kamen Fragen über Fragen. Nicht alle Fragen konnten beantwortet werden. Es kamen Fragen wie: Gibt es noch andere Planeten mit Lebewesen? Gibt es einen Gott und hat er immer noch einen Einfluss auf die Welt? Was ist die Zukunft des Menschen auf der Welt? Was geschieht nach ihrem Tod? Warum zerstören die Menschen ihre eigene Umwelt? Warum sind wir überhaupt da? Peter Maier spricht von „magischen Stunden, die mit großer Wahrscheinlichkeit Lehrern wie Schülern dauerhaft in Erinnerung bleiben" [4].

Irgendwann im Leben werden wir uns vielleicht auch die spannende Frage nach dem Sinn des Ganzen stellen. Genau wie ich es getan habe. Natürlich kann man bei der Beantwortung dieser Frage zu unterschiedlichen Antworten kommen. Allein schon deshalb, weil jeder Mensch ein anderes kulturelles Umfeld und andere Vorinformationen hat. Ich bin deshalb weit davon entfernt, Antworten zu liefern, zu denen es keine Alternativen gibt. Mir geht es dabei um Denkanstöße.

Die nachfolgende Darstellung dessen, was wir heute über unser Universum und den Mikrokosmos wissen, zeigt sehr anschaulich, dass selbst die Physik mit ihren Wahrheiten hadert. Es kommt hier viel Seltsames und Geheimnisvolles ans Licht. Ich habe dieses Buch „Der

Algorithmus des Universums" genannt, weil sich dieser Eindruck in allen neuen physikalischen Kenntnissen verdichtet. Dabei habe ich die Gewissheit gewonnen, dass in unserer Welt Zufälle aber auch Programme wirken. Es gibt viele Freiheitsgrade und die Zukunft bleibt unbestimmt. Es gibt allerdings auch nicht-lineare Regeln, die etwas Besonderes sind. Dieser zweite Teil meiner Trilogie über den Sinn des Ganzen behandelt deshalb das makro- und mikrokosmische Umfeld, in dem wir leben und beschreibt die Gesetze, die auch für uns gelten, weil wir ein Teil des Universums sind.

Im ersten Teil meiner Trilogie zum Sinn des Ganzen habe ich mich mit der Entwicklung und dem Wesen des Menschen beschäftigt. Dabei ging es um den Mechanismus der Evolution und die Zukunft als Homo sapiens. Es ging um die Suche nach Glück, der Rolle der menschlichen Intuition und des Verstandes, dem Unterschied zu den Tieren und Pflanzen und dem Wettbewerb mit „Künstlichen Intelligenzen". Hier wurde deutlich, dass der Mensch ein mehrdimensionales und programmiertes Wesen ist, das einen freien Willen besitzt und mittels der Intuition auch ganzheitliche Informationen verarbeiten kann.

Im dritten Teil meiner Trilogie geht es dann um die „Verdrängte Wirklichkeit" und die spirituelle Seite des Menschen. Dabei beschäftige ich mich intensiv mit den Botschaften alter Schriften und Religionen und vergleiche diese mit den heutigen wissenschaftlichen Erkenntnissen. Der Sinn des Ganzen erschließt sich dann, wenn man die vielen Hinweise auf eine jenseitige Welt und die Möglichkeit der Wiedergeburt einbezieht. Dabei geht es darum, die spirituelle und intuitive Seite unserer Persönlichkeiten wiederzuentdecken und die Vernetzung sämtlichen Lebens zu erfahren. Quantenphysik und Mystik schließen sich nicht gegenseitig aus, sondern ergänzen einander.

Die Frage nach dem Sinn

Durch die Globalisierung und die internationale Arbeitsteilung treten seit 2004 fast jährlich neue weltweite Pandemien auf. Das ist etwas, das uns 2020 und 2021 besonders beschäftigt hat.

Seit 1950 hat sich die Weltbevölkerung verdreifacht. 2019 lebten 7,8 Mrd. Menschen auf der Erde. Jährlich kommen etwa 80 Mio. dazu (Geburten abzüglich Sterbefälle). Die durch Viren verursachten Pandemien haben diese Entwicklung nur unwesentlich beeinflusst. Die weltweite Corona-Pandemie wird aber trotzdem im Bewusstsein bleiben und das menschliche Verhalten nachhaltig verändern. Unternehmen werden die internationale Arbeitsteilung überdenken und möglicherweise wird es weniger Großveranstaltungen und Reisen geben.

Schon 2012 wurde der Bundestag über eine mögliche Pandemie mit mehreren Millionen Toten per Drucksache informiert. Da die Eintrittswahrscheinlichkeit als „bedingt wahrscheinlich" eingestuft wurde (ein Mal innerhalb von 100 bis 1000 Jahren), hat man die empfohlenen Maßnahmen nicht veranlasst.[5] Etwas Ähnliches hatten wir bei der Bewertung von Kernschmelzunfällen in Atomreaktoren gehört. Auch damals hat man diesen möglichen Unfalltyp einfach ignoriert. Bis uns Tschernobyl und Fukushima die Wahrheit vor Augen führten. Der Homo sapiens neigt nun einmal dazu, sich die Welt schön zu zeichnen.

Viele Menschen werden nun das Gefühl nicht los, dass ihr Leben leichter aus den Fugen gerät, als sie sich das vorstellen konnten und das der Tod trotz hoher Lebenserwartung nicht planbar ist. Plötzlich denken viele Menschen auch einmal über ihre eigene Sterblichkeit nach. Das relativiert die hedonistischen Ziele zum guten und glücklichen Leben. Die Corona-Krise hat tatsächlich eine alte philosophische Debatte wiederaufleben lassen: Die Frage nach dem Sinn unseres Lebens vor dem Hintergrund der eigenen Sterblichkeit.

Plötzlich wird der Focus auch mal wieder nach innen gerichtet. Corona hat uns auf den Teppich unserer eigentlichen Existenz zurückgeholt und wir stellen uns wieder existenziell wichtige Fragen. Es könnte sein, dass die Philosophie ein unerwartetes Comeback erlebt und die zersplitterten Naturwissenschaften interdisziplinär zusammenführt. Das Ganze ist wohl mehr als die Summe seiner Teile.

Die Fähigkeit zur Selbstanalyse ist etwas typisch Menschliches. Die Antworten werden aber nicht befriedigen, wenn der Kreis zu klein gezogen wird.

Schaue ich mir isoliert mein eigenes Leben an, dann kann ich nur sagen, ob ich mich in meiner Haut wohl gefühlt habe oder nicht und ob ich meine Lebensziele erreichen konnte. Viele Menschen geben sich damit zufrieden und zählen ihre Errungenschaften auf: Abitur, hohes Gehalt, Auto, Haus und Familie. Als Statusbeschreibung kann dies reichen.

Suche ich nach dem Lebenszweck, dem Grund meines Lebens, meiner Bestimmung, meiner Berufung, meiner Mission oder sogar dem Daseinszweck und Existenzgrund, muss ich den Kreis erweitern. Wenn ich meinen Wert für andere Menschen oder den Nutzen für die Gesellschaft erfassen wollte, wird die Menge der Fragestellungen noch größer.

Das fehlende Wissen über das Ganze

Ein Blatt an einem tausendjährigen Baum wird nicht nach einem
Sinn fragen, sondern die naturgemäße Rolle eines Blattes übernehmen. Dies bedeutet, Sonnenenergie mit Hilfe von Wasser und Koh-
lendioxid in Glucose und Sauerstoff umzuwandeln. Im Herbst fällt
das Blatt zu Boden und wird von Mikroorganismen in seine Bestandteile zerlegt. Neuer Dünger für den Baum und andere Pflanzen. Im Frühling wachsen neue Blätter, die möglicherweise auch
über die Baumwurzeln aufgenommene Atome aus dem alten Blatt
enthalten. Ein vollendetes Kreislaufsystem. Der Nutzen dieses Blattes für den einen Baum ist damit noch nicht abschließend beschrieben. Wasser verdunstet über die Blätter und kühlt die Luft. Die Blätter erzeugen Schatten und Schutz vor Regen für die Welt darunter,
sind Nahrung für andere Tiere und Wohnstätten für manche Insekten.

Wenn ein Blatt Bewusstsein hätte, dann würde allein schon diese
Liste ein gutes Lebensgefühl zurücklassen. Das Blatt könnte erkennen, dass es nützlich war und grundsätzlich keinen Schaden ange-
richtet hat. Vielleicht würde sich das Blatt im Verwesungszustand
auf dem Boden noch fragen, ob danach noch etwas passiert. Es wäre
niemand da, diese Frage zu beantworten. Das Blatt würde wahrscheinlich nicht wissen können, was ein Baum ist und noch weniger
ahnen, dass der Baum zu einem Wald gehört und dieser irgendwo
auf der Erde steht. Erst recht kann das Blatt nicht wissen, dass diese

Erde nur ein winziger Punkt im Universum ist. Das Blatt benötigt dieses Wissen auch nicht, um ein Blatt zu sein. Zum Glück für das Blatt.

Menschen funktionieren anders. Wir haben ein Bewusstsein, das uns ständig über die Schulter schaut und bewertet, was wir tun. Dabei lernt das Bewusstsein, welche Wirkungen wir durch unser Handeln erzeugen und wie wir unsere Ziele noch besser erreichen können. Wir denken voraus, planen, erwarten Reaktionen und haben Gefühle, die uns mitteilen, ob es gut oder schlecht läuft. Wir können unseren Instinkten, unserer Intuition oder unserem Gewissen folgen. Wir können tun, was wir immer tun oder entscheiden, einen anderen Weg zu gehen. Im Unterschied zu einem Blatt haben wir Bewusstsein, einen freien Willen und einen Hang dazu, Grenzen zu überschreiten. Für unser Handeln müssen wir Verantwortung tragen und uns dafür rechtfertigen, was wir tun oder was wir unterlassen.

Wir bewerten uns und andere entsprechend einem inneren Wertesystem. Einem System, das Gut und Böse, nützlich und schädlich, freundlich und feindlich, sinnvoll und sinnlos unterscheidet. Dieses Wertesystem ist mit unserer Ich-Persönlichkeit und unserer Lebensgeschichte untrennbar verbunden. Die Sinn-Frage scheint zum Wesen des Menschen zu gehören. Wir können uns dem nicht grundsätzlich entziehen. Wir können uns aber entscheiden, wie weit wir den Kreis um uns ziehen, um unsere Bedeutung zu erfassen. Wir müssen nicht unbedingt die Frage nach dem Sinn des Ganzen stellen, aber wahrscheinlich kommen wir auch an dieser Frage nicht vorbei.

Wenn das Ganze keinen Sinn hätte, dann brauchen wir möglicherweise keine Antwort zum Sinn unseres eigenen Lebens zu suchen. Oder könnte ein Teil des Ganzen einen Sinn haben, wenn das Ganze sinnlos wäre? Was wäre das Blatt ohne den Baum, der Baum ohne den Wald, der Wald ohne die Erde und die Erde ohne das Universum?

Wenn wir das Ergebnis von Vorgängen aus der Vergangenheit und der Wirkung von Zufällen wären, dann sind wir unweigerlich mit diesen Ereignissen und Personen verknüpft und vernetzt. Wenn jeder Mensch eine unvergleichliche Schöpfung eines Superorganismus - häufig Gott oder Allah genannt - wäre, dann wäre die Antwort auf die Sinnfrage eine Beschreibung der Motive dieser übermenschlichen Intelligenz. Wenn diese Intelligenz ihre Motive vor uns verbergen möchte, hätten wir keine Chance, die Bedeutung unserer Existenz zu erfahren. Dann können wir nur daran glauben, dass diese übermenschliche Intelligenz nichts Sinnloses in unsere Welt setzt und am Ende alles gut ausgeht.

Viele Menschen glauben an eine göttliche Intelligenz, die ihre wahren Motive verbirgt und uns steuert. Alles, was wir tun und erleben, wäre dann ein Ausdruck eines geheimen Plans. Wir nennen dies dann Schicksal. Wir hätten keinen echten freien Willen und würden uns dies aber vielleicht einbilden. Dann müssten wir keine Verantwortung für unser Handeln tragen. Das Leben könnte schön einfach sein, wenn wir keinen freien Willen hätten und uns der Schöpfer führen würde. Es gibt nicht nur viele gläubige Menschen, die das so sehen. Auch die Gehirnforschung und die Biologie sprechen uns je nach der Denkrichtung einen "Freien Willen" ab. Danach wären wir letztendlich hormon- und enzymgesteuerte Automaten, die sich entsprechend den äußeren und inneren Reizen verhalten. Da diese Wissenschaftsrichtungen an eine von Zufällen und Wahrscheinlichkeiten gesteuerte Welt glauben, kommen sie ohne eine übermenschliche Intelligenz aus. Hier erübrigt es sich, die Sinnfrage zu stellen.

Wenn wir aber an eine übermenschliche Intelligenz glauben, die die Evolution des Lebens irgendwann einmal in Gang gesetzt hat und den Homo sapiens mit echter Willensfreiheit ausgestattet hätte, dann bleibt die Sinnfrage im Raum. Wir wären dann Teil eines Systems, das sich durch die Entscheidungen der einzelnen sich selbst bewussten Elemente entwickelt. Dieses System würde sich teilweise chaotisch verhalten und sich nicht-linear entfalten. Wir hätten keine einfachen linearen und verbundenen Ursache-Wirkungs-Ketten, die bei einer Wiederholung immer das gleiche Ergebnis produzieren würden. John Briggs schreibt in seinem Buch zur „Entdeckung des Chaos":

„In einer nichtlinearen Gleichung kann die winzige Änderung einer Variablen eine völlig unverhältnismäßige, ja katastrophale Wirkung auf andere Variablen haben." [6]

Nicht-lineare Systeme verhalten sich wie Wolken oder Strömungen. Schon kleinste Abweichungen reichen aus, um die Entwicklung des gesamten Systems in eine andere Richtung zu beeinflussen. Auf die menschliche Gesellschaft übertragen bedeutet dies, dass auch ein 16-jähriges Mädchen, das allein vor einem Parlamentsgebäude für Klimaschutz demonstriert, eine internationale Bewegung auslösen kann. Dies ist dann so unwahrscheinlich wie ein Flügelschlag eines Schmetterlings, der einen Hurrikan auslöst, aber passieren kann es eben doch. Dann gibt es keinen Plan und die Zukunft ist unbestimmt. Dies bedeutet aber auch, dass jede noch so unbedeutende Entscheidung, Einfluss nehmen kann auf den Lauf der Welt. Das stärkt die Bedeutung eines jeden einzelnen Menschen und macht Hoffnung, erzeugt aber auch Zukunftsängste.

Wir unterschätzen die Wirkung des Kleinen

Es ist also nicht unbedingt die Größe einer Ursache, die die Welt in ihrer Geschichte beeinflusst. Auch kleine, scheinbar unbedeutende Dinge können unsere Welt maßgeblich verändern. Das Corona-Virus ist beispielsweise besonders klein und hat sich durch Mutation gegenüber bekannten Viren so verändert, dass unser Immunsystem es zuerst nicht erkennt. Viren sind eigentlich leblos und können sich ohne eine lebendige Wirtszelle nicht vermehren. Viren enthalten nur ein einfaches Programm mit dem Befehl „Kopiere mich". Damit überschreiben sie Programme, die in unseren Zellen wichtige Stoffe für unseren Körper produzieren. Das ist dann so, als wenn ich mich als Vorstand eines Nudelherstellers ausgebe und dafür sorge, dass ab jetzt nur noch kleine Steine produziert werden (die garantiert niemand braucht...). Viren wollen offensichtlich nur häufig kopiert werden.

Darin ähneln sie einer besonderen Art von Spam-Mails, die unsere Computer verseuchen und sich über unsere Kontaktlisten verbreiten. Unsere Computer werden dann auch oft zwangsweise zum Mitglied von Bot-Netzen, mit denen man dann echten Schaden anrichten kann. Natürlich haben die menschlichen Viren-Programmierer das Ziel, dabei Gewinne auf unsere Kosten zu machen. Das können wir den Corona-Viren nicht unterstellen. Möglicherweise ist der Nebeneffekt, dass menschliche Organe wegen Überforderung versagen, nicht der eigentliche Zweck der Aktion. Scheinbar tut hier ein Teil der Natur etwas Unsinniges. Das Ergebnis ist bisher immer das Gleiche: Die Viren werden zu 99 % irgendwann von den menschlichen Immunsystemen erfolgreich getötet. Ein Teil der Viren mutiert und greift ein paar Jahre später erneut an.

Pandemien gehörten schon immer zum Lebensrisiko

Viren und Bakterien gab es schon vor dem Menschen. Wir leben mit vielen Arten friedlich zusammen. Aber es gibt immer mal wieder Mutationen, die unser Immunsystem noch nicht kennt. Vielleicht können deshalb die neuartigen Impfstoffe besonders wirksam sein, weil sie mit Hilfe der mRNA-Botenstoffe das Immunsystem schon informieren, bevor die gefährlichen Viren eintreffen. Wir dürfen uns da aber nichts vormachen. Die heutige menschliche Welt ist einfach für Pandemien gemacht. Diese werden damit zum ständigen Lebensrisiko.

1918 hatten US-Soldaten die „Spanische Grippe" nach Europa eingeschleppt. Weltweit starben daran etwa 50 Mio. Menschen, weil man keine Kontaktsperre verordnen wollte. Kinos blieben zum Beispiel in Deutschland geöffnet, um die Frustration nach dem verlorenen Krieg nicht noch zu steigern.

1957 wütete die „Asiatische Grippe" in Deutschland und forderte rund 30.000 Tote.

Pandemien gibt es, seit Menschen zu Siedlern wurden. So soll es große Seuchen schon 1400 v. Chr. in Ägypten, 430 v. Chr. in Griechenland (ein Drittel der Einwohner Athens sollen gestorben sein), um 1350 in Europa (die Pest soll 25 Mio. Menschen getötet haben), 1520 in Mexiko (Pocken-Viren sollen bis zu 8 Mio. getötet haben) und 1890 sogar überall auf der Welt („Russische Grippe" mit rund 1 Mio. Toten) gegeben haben. Die sogenannte dritte Pest-Pandemie soll ab 1894 weltweit 12 Mio. Menschen getötet haben.

An den AIDS Viren (HIV) starben seit 1980 weltweit 36 Mio. Menschen. Die Grippewelle 2017/18 (Influenza) hat weltweit bis zu 650.000 menschliche Opfer gekostet (in Deutschland: 25.000). Bisher wurden solche Katastrophen als höchst unwahrscheinlich eingestuft, so dass man auch nicht über nachhaltig wirksame Gegenmaßnahmen nachgedacht hat.

Der Finanzmathematiker Nassim Nicholas Taleb (*1960) hatte sich schon 2007 mit der „Macht höchst unwahrscheinlicher Ereignisse" am Beispiel der Börsenkatastrophen beschäftigt und den Bestseller „Der Schwarze Schwan" geschrieben. Er sieht hier einen geistigen blinden Fleck des Homo sapiens:

„Es handelte sich um eine psychische, vielleicht sogar biologische Blindheit. Das Problem lag nicht in der Natur der Ereignisse, sondern in unserer Wahrnehmungsweise" [7].

Tatsächlich haben wir Schwierigkeiten, uns auf nicht-lineare und eher unwahrscheinliche Entwicklungen einzustellen. Wir erwarten Kontinuität und Ordnung und einfache Ursache-Wirkungsketten. Chaotische Entwicklungen und unerwartete Ereignisse mögen wir nicht, weil wir uns darauf nicht gut vorbereiten können.

In unserer Welt gibt es ohne Zweifel Chaos, aber auch Naturgesetze. Es gibt Vorgänge, die sich exakt berechnen lassen und welche, bei denen nur Wahrscheinlichkeiten berechnet werden können. Es ist sofort ersichtlich, dass dann die Beantwortung nach dem Sinn so eines Systems schwieriger wird. Vor diesem Hintergrund könnte man gut beraten sein, die Sinnfrage gar nicht erst zu stellen.

In der Tat wird diese Frage oft nicht mehr ernsthaft gestellt und ist selbst bei philosophischen Texten meistens nur ein rhetorisches Instrument. Aber Corona hat diese Haltung etwas in Zweifel gezogen. Der Philosoph Richard David Precht (*1964) hat 2020 sein Buch „Künstliche Intelligenz und der Sinn des Lebens" veröffentlicht und kommt am Ende seiner Ausführungen zum Ergebnis:

„Der Sinn des Lebens besteht nicht in schonungsloser Expansion und Ausbeutung aller Ressourcen für vergleichsweise geringen Glückszuwachs. Der Sinn des Lebens ist das Leben selbst, aber nicht im biologischen, sondern im existenziellen Sinn." [8]

Von einem Philosophen hätte ich wirklich mehr erwartet. Er hat es nicht einmal für nötig gefunden, den „Sinn" begrifflich zu fassen und zu definieren.

Was meinen wir damit, wenn wir nach dem Sinn fragen? Umgangssprachlich bezeichnen wir damit häufig die Bedeutung eines Vorgangs, eines Dings oder auch von Symbolen, um eine allgemein anerkannte Erkenntnis oder Definition auszudrücken. Wenn ich z.B. sage: "Es ergibt Sinn, die Kartoffeln zu kochen, weil sie dann bekömmlicher sind" wird dem niemand widersprechen. Beim Kochen bzw. Braten von Fisch sähe die Sache schon wieder anders aus, weil es im asiatischen Raum viele Menschen gibt, die bestimmte Fischsorten lieber roh zu sich nehmen.

Handlungen haben je nach Kultur und Zeit unterschiedliche Bedeutungen. Wenn wir uns einige religiöse Rituale der Mayas anschauen, dann haben wir Schwierigkeiten bei der Beantwortung der Sinnfrage. Beim christlichen Abendmahl wissen wir zumindest, dass wir symbolisch den Leib und das Blut Christi aufnehmen und darüber eine Verbindung zu Gott herstellen. Das lässt sich rational nicht erklären, aber für die Beteiligten ist der Sinn erlebbar.

Der Sinn eines Gegenstands meint hingegen oft den Nutzen, den sein Gebrauch stiftet. Auch diese Sinn-Wahrnehmung verändert sich im Laufe der Zeit. Menschen des 19. Jahrhunderts hätten große Schwierigkeiten, den Sinn eines Computers bzw. Handys zu begreifen, obwohl der Nutzen (Datenverarbeitung bzw. Kommunikation) grundsätzlich nicht unbekannt sein dürfte. Wir werden die Zeiten vielleicht noch erleben, in denen die wenigsten noch eine Stadtkarte lesen und einen Computer mit einer Tastatur bedienen können. Irgendwann hat niemand mehr einen Führerschein, weil alle Fahrzeuge autonom unterwegs sind.

Der Sinn von Schriftzeichen und Symbolen erschließt sich auch nur im kulturellen und historischen Kontext. Wenn wir ein Kreuz mit einem langen Strich sehen, dann wissen wir, dass das eine symbolhafte Darstellung der Kreuzigung von Jesus Christus und ein Symbol für die christliche Bewegung ist. Der Sinn vieler Symbole aus der Vergangenheit erschließt sich uns heute hingegen oft nicht mehr.

Der Sinn einer Handlung, eines Gedankens, eines Gegenstandes, eines Symbols oder einer Struktur ist also immer an Menschen einer bestimmten Gruppierung zu einem bestimmten Zeitpunkt gebunden. Natürlich wird ein einzelner Mensch auch einen eigenen sinnstiftenden Kontext besitzen, der mit seiner Persönlichkeit, seinem individuellen Weltbild und seiner eigenen Geschichte und Wahrnehmung zusammenhängt. Von außen beobachtet, können dann bestimmte Handlungen unsinnig erscheinen. Da viele Entscheidungen im Unterbewusstsein getroffen werden, können wir selbst den Sinn oft nicht erkennen. Wir sagen dann "die Entscheidung habe ich intuitiv getroffen" oder "die Entscheidung hat sich gut angefühlt". Wenn wir uns das nicht trauen, dann erfinden wir eine möglichst rational klingende Erklärung. Gehirnforscher bzw. Gehirnforscherinnen sind sogar der Meinung, dass dies der Normalfall ist und alle Entscheidungen im Unterbewusstsein vorbereitet werden und der Verstand nur noch die Kommunikation übernimmt.

Wenn wir meinen, dass unser Leben einen Sinn ergibt, dann ist das in den meisten Fällen ein subjektives Gefühl über die Bedeutung und Stimmigkeit unserer Lebensentscheidungen. Das können andere Menschen natürlich ganz anders bewerten. Objektive Maßstäbe gibt es dafür eigentlich nicht. Die Psychologie begnügt sich deshalb damit, festzustellen, dass das Gefühl für Sinnhaftigkeit und Glück bei jedem Menschen unterschiedlich ist.

Jeder Mensch hat ein eigenes Bewertungssystem, das mit den gesellschaftlichen Wertesystemen und Regeln verglichen wird. Konflikte zwischen diesen gibt es oft. In der Geschichte haben Menschen, die bestimmte gesellschaftliche Regeln und Werte nicht mehr akzeptieren wollten, Grundlagen dieser Gesellschaften geändert, entweder durch Aufstände oder andere Mehrheitsentscheidungen. Das nennt man Politik.

Wenn die Sinnfrage nur im historischen und kulturellen Kontext oder nur subjektiv von jedem einzelnen Menschen beantwortet werden kann, warum beschäftigen wir uns immer noch damit? Vielleicht, weil die Antwort auf den eigentlichen Kern des Menschseins zielt? Gibt es wissenschaftliche Belege, die uns die Beantwortung, in die eine oder andere Richtung erleichtern könnten?

Vielleicht sollte man sich die Frage nach dem Sinn des Ganzen und des eigenen Lebens lieber nicht stellen. Möglicherweise sind wir nicht dazu geschaffen, um die Frage zu beantworten, weil uns unser Verstand im Wege steht. Es könnte auch sein, dass die unvermeidlichen Antworten uns in eine tiefe Existenzkrise fallen lassen.

Vielleicht passiert aber auch alles zufällig, es gibt keinen Plan der Evolution und Gott existiert nicht. Dann müssten wir unsere Lebensentscheidungen nur vor uns selbst rechtfertigen - ohne Rücksicht auf Moral und Werte? Viele der heutigen Philosophen bzw. Philosophinnen und Naturwissenschaftler bzw. Naturwissenschaftlerinnen halten die Frage nach dem Sinn für prinzipiell nicht beantwortbar, weil wir in einer nicht-linearen Welt leben, die durch zufällige Ereignisse bestimmt werde. Nur im Rückblick sehen wir eine scheinbare „rote Linie", weil historisch alle anderen wahrscheinlichen Entwicklungsmöglichkeiten durch tatsächliche Abläufe und Entscheidungen aussortiert worden sind. Unser Denken in der Raumzeit lässt sicher einen anderen Schluss nicht zu. Außerdem sind die Naturwissenschaften nur dazu da, die Welt - möglichst in der Sprache der Mathematik - zu beschreiben, aber nicht zu bewerten und zu erklären.

Die Naturwissenschaften haben in den letzten hundert Jahren unser Weltbild erheblich verändert, aber auch sehr widersprüchliche Fakten zu Tage gefördert. Es ergibt auf jeden Fall Sinn, sich mit diesen Ergebnissen zu beschäftigen, um unser persönliches Weltbild zu überprüfen.

Wir bekommen heute interessante und überraschende Antworten auf die Beschaffenheit unserer Welt, über den Mikro- und Makrokosmos, in dem wir leben. Wenn wir den Sinn unseres Lebens möglicherweise nur im Sinn des Ganzen erkennen können, dann ist eine "Inventur unseres Wissens" über die menschliche Entwicklung inmitten eines gewaltigen Kosmos sicher ein gewinnbringender Weg. Auf diese Reise möchte ich alle Leserinnen und Leser meiner Trilogie zum „Sinn des Ganzen" mitnehmen.

Wenn wir an eine Religion glauben, dann bekommen wir einen Sinn mitgeliefert, den wir möglichst nicht hinterfragen sollen. Wir glauben dann an überlieferte Weisheiten und Regeln, an Schicksal oder Karma, an eine übermenschliche geistige Kraft, die uns lenkt. Dabei stellen wir die historische Arbeitsteilung zwischen Glaubenslehren und den Naturwissenschaften möglichst nicht in Frage. Die Wissenschaften beschreiben nur das, was ist, aber bewerten und erklären nicht. Damit überlassen sie die Frage nach dem Sinn den Philosophen und den Religionsgemeinschaften.

Mit dieser Grundhaltung möchte ich hier brechen. Ich bin der Auffassung, dass sich auch spirituelle Fragestellungen mit heutigen wissenschaftlichen Erkenntnissen beantworten lassen und sogar überzeugendere Antworten liefern können. Antworten, die möglicherweise weniger durch historische und machtpolitische Interessen gefärbt sind. Spirituelle Antworten, die besser zu unserer heutigen Wahrnehmung der Wirklichkeit passen und die menschliche Entwicklung in Richtung Nachhaltigkeit und Gemeinsinn besser begleiten könnten als die konkurrierenden und teilweise gewaltbereiten Weltreligionen.

Die Einzigartigkeit der Persönlichkeit

Jede und jeder von uns ist ein Teil von etwas Größerem. Ein Mensch, der in eine menschliche Gemeinschaft hineingeboren wurde. Eine Gemeinschaft, die heute existiert und bestimmte Techniken und Regeln nutzt, um sich weiter zu entwickeln. Eine menschliche Gesellschaft, die durch das Wirken ihrer Vorfahren eine bestimmte Kultur und eine bestimmte Vorstellung von der Welt entwickelt hat. Damit sind auch wir ein Ergebnis dieser Geschichte, die uns durch das familiäre, schulische und berufliche Umfeld prägt.

Wir werden mit einer bestimmten Persönlichkeit und einem spezifischen Spektrum an Lebensmotiven an einem Ort geboren und passen uns dieser lokalen Kultur an. Wir lernen die örtliche Sprache, die traditionellen Verhaltensweisen, die religiösen Vorstellungen, die gesellschaftlichen Regeln und die besondere Lebensphilosophie an diesem Ort und verinnerlichen das Gelernte.

Unsere Ich-Persönlichkeit wird sich in Zukunft mit Hilfe dieser kulturellen Errungenschaften ausdrücken und sich oft die Frage stellen: Bin ich nur das Ergebnis dieses Anpassungsprozesses oder gibt es in mir auch einen unveränderlichen Kern? Wenn man Menschen nach ihrer gefühlten Ich-Persönlichkeit fragt, dann bekommt man oft die Antwort, dass das eigentliche Ich oder Selbst als unverändert erscheint und die verschiedenen Lebensentscheidungen bewertet. Ist das nur eine Illusion oder gibt es diesen Kern wirklich?

Jede menschliche Person und Gemeinschaft kooperiert und konkurriert mit anderen. Daraus entstehen Beziehungen und Netzwerke, die eine eigenständige Qualität bekommen.

Es werden Informationen, Rohstoffe, Technologien, Produkte und Dienstleistungen ausgetauscht und Gefühle, Wissen und Erlebnisse geteilt. Wenn wir genauer hinschauen, erkennen wir, dass auch jeder einzelne Mensch ein komplexes System aus vielen Zellen und Mikroorganismen ist, die seine Gesundheit und Entwicklung erst möglich machen. Auch jeder einzelne Mensch verarbeitet Rohstoffe, um sich zu ernähren, und nimmt Energie und Informationen auf, um sich zu entwickeln. Sein Leben ist bestimmt durch Nutzung von Möglichkeiten durch Entscheidungen und Handlungen. Sein Leben wird beendet durch den körperlichen Tod.

Wir fragen uns: Soll es das dann gewesen sein? Bleibt etwas von uns zurück, dass diesem Leben einen zusätzlichen Sinn gibt? Natürlich haben wir die Möglichkeit, unsere einzigartigen genetischen Informationen an unsere Nachkommen weiter zu reichen. Leider werden diese mit den anderen Genen aus Eizelle bzw. Spermien verbunden und sogar noch zufällig vermischt. Wir können also nur einen nicht vorbestimmten Teil unserer Gene weiterreichen. Darunter werden vielleicht auch einige genetisch unvollkommene Programme sein, die Krankheiten auslösen können. Wir können nicht sicher sein, ob dieses Erbe für unsere Nachkommen Glück oder Last bedeutet.

Biologen sehen in der Fortpflanzung den eigentlichen Sinn des Lebens und sprechen wie der Evolutionsbiologe Richard Dawkins (*1941) sogar von "egoistischen Genen". Diese Position vertritt auch der Historiker Yuval Noah Harari (*1976) in seinen Bestsellern "Eine kurze Geschichte der Menschheit" und "21. Lektionen für das 21. Jahrhundert".

Wenn dies stimmen würde, dann stellt sich die Sinnfrage bei einem Eichhörnchen genauso wie bei uns. Dann wäre das Leben der vielen Menschen, die keine Kinder kriegen können oder wollen, per Definition sinnlos. Trotzdem können diese Menschen einen Sinn im Leben finden im Sinne von „sich gut fühlen", „geliebt werden" und „Spaß haben". Gegen diese Lebensphilosophie ist grundsätzlich nichts einzuwenden. Auch wenn man die eigene Rolle und Bedeutung in einem komplexen System nicht versteht, kann man durch seine Handlungen positive und großartige Wirkungen verursachen. Auch wenn man keine Antwort auf die Sinnfrage hat, kann das eigene Leben für andere Sinn stiftend sein.

Leider gehöre ich zu denjenigen, die mit dieser Sicht- und Lebensweise nicht zufrieden sind und weiter die Frage nach dem Sinn des Ganzen stellen. Im Folgenden beginne ich deshalb eine Reise, um vorhandene Erkenntnisse aus unterschiedlichen Disziplinen und Zeiträumen darzustellen und zu bewerten. Das Ziel ist ein neues Modell zur Beantwortung der Frage nach dem Sinn des Ganzen und was dies für die eigene Lebensführung bedeuten könnte. Dabei versuche ich, faktenbasiert vorzugehen, soweit das möglich ist. Ich akzeptiere, dass auch scheinbar unumstößliche Tatsachen in Frage gestellt bzw. anders bewertet und diskutiert werden können.

Ich möchte hiermit dazu beitragen, dass die Frage nach dem Sinn des Ganzen wieder ernsthaft gestellt werden kann. Ich möchte mit meinen Antworten interdisziplinäre Diskussionen auslösen und eine Basis für ein neues Politikverständnis schaffen. Ob diese neue Sicht auf die Welt und uns Menschen eine andere Perspektive und damit neue Entscheidungsinstrumente schafft, müssen andere bewerten. Ich möchte aber alle dazu einladen, an der Inventur und Bilanzierung über den heutigen Status unserer Entwicklung teilzunehmen und sich aktiv in die notwendige interdisziplinäre Diskussion, um ein gemeinsames Grundverständnis der Rolle des Menschen einzumischen.

Geheimnisvolles Universum

Wir leben auf einem kleinen Planeten in einem relativ kleinen Sonnensystem in einem unfassbar großen Universum und halten uns immer noch für den Mittelpunkt der Welt. Die Naturwissenschaften tun so, als könnten sie uns diese Welt erklären. In der Astrophysik und der Quantenphysik wurden in den letzten Jahrzehnten tatsächlich viele Erkenntnisse gewonnen, um unser Weltbild zu verändern.

Durch die technischen Möglichkeiten, unseren Blick auf die Welt ins Große und Kleine zu verlagern, haben wir auch unsere Perspektive geändert. Schon Fotografen, die mit Zoom- oder Makroobjektiven unterwegs sind, liefern andere Bilder als die Linsen unserer Augen. Der Film und das Buch „Zehn ^{HOCH}" zeigen, dass die Welt vollkommen anders aussieht, wenn man die Entfernung ändert. [9] Der Blick auf einen Menschen beginnt in einer Entfernung von 10^{25} Metern – etwa 1 Milliarde Lichtjahre entfernt - und verändert sich in Zehnerpotenzen. Bei 10^{21} Metern sehen wir unsere Galaxie formatfüllend. Bei 10^8 Metern erkennen wir unseren blauen Planeten. Bei 10^{-1} Metern (10 cm) sieht man nur noch den Handrücken des Menschen. Bei 10^{-5} Metern (10 Mikrometer) erscheint ein weißes Blutkörperchen. Bei 10^{-8} Metern (100 Angström) können wir die DNA-Doppelhelix bestaunen. Ab 10^{-14} Metern (10 Fermi) hätten wir einen Atomkern vor der Linse. Ab 10^{-16} Metern (0,1 Fermi) könnten wir theoretisch Quarks in den Protonen abbilden. Wenn man einmal vom Kleinsten zum Größten ‚gewandert' ist, dann wird man demütig und bekommt vielleicht eine andere Einstellung zu den all-täglichen Problemen, mit denen wir uns so herumschlagen müssen.

Es gibt viele Menschen, die daran glauben, dass unsere Welt zufällig entstanden ist. Es gibt aber auch viele Menschen, die daran glauben, dass ein allmächtiger Gott uns und die Welt erschaffen hat und un-ser Leben schicksalhaft vorbestimmt ist. Weder das eine noch das andere scheint zu stimmen. Das Universum liefert uns nicht die Da-ten, die wir erwarten, und bleibt weiterhin geheimnisvoll. Vielleicht werden wir den Sinn des Ganzen nie erfassen können. Aber das, was wir heute schon wissen, ist mehr als bemerkenswert und müsste auch unser Verhältnis zu uns selbst verändern.

Mysteriöse Eigenschaften des Kosmos

In einer klaren dunklen Nacht sehen wir wie unsere Vorfahren mit bloßem Auge etwa 3000 Sterne. Schon die griechischen Naturphi-losophen Leukipp, Demokrit und Pythagoras haben im 5. und 6. Jahrhundert vor Christus vermutet, dass unsere Sonne ein Stern un-ter vielen im grenzenlosen Universum ist und unsere Milchstraße auch aus vielen Sternen bestünde. Doch erst Galileo Galilei konnte dies 1609 mit seinem Fernrohr tatsächlich sehen. 1755 vermutete der Königsberger Philosoph Immanuel Kant, dass die unscheinba-ren Lichtflecken am Himmel noch andere Galaxien sein könnten. Wie ist er bloß darauf gekommen?

Noch 1920 glaubten nämlich fast alle Astronomen daran, dass es nur eine Galaxie, d.h. unsere Milchstraße gäbe. Erst 1924 konnte Edwin Hubble vom Mount Wilson Observatory den mit bloßem

Auge sichtbaren Nebel im Sternbild Andromeda in einzelne Sterne auflösen und wenige Jahre später nachweisen, dass sich alle gemessenen Galaxien voneinander entfernen.

Der Blick ins All ist ein Blick in die unterschiedlichen Vergangenheiten der Galaxien. Die fernste bekannte Galaxie ist zurzeit „GNz11" und 13,4 Mrd. Lichtjahre entfernt. Sie soll schon 400 Mio. Jahre nach dem Urknall entstanden sein.[10] Niemand kann sagen, ob diese Galaxie noch existiert.

Die Fotos unserer Observatorien entstehen durch gleichzeitige Überlagerung vieler Vergangenheiten. Dafür gibt es in unserer Erden-Welt keine Entsprechung. Mit Photoshop könnte ich natürlich ein vergleichbares Bild erzeugen. Dann würden beispielsweise einige Saurierarten und ein paar Steinzeitmenschen, die Mammuts jagen, gemeinsam mit modernen Menschen vor einem Wohnmobil abgebildet. Diese Collage würde sofort als „Fake" bezeichnet werden. Beim Blick in den Kosmos, nehmen wir diese Verzerrung der Zeit hin. Eigentlich müsste jetzt das Umgekehrte passieren. Die Astrophysiker und Astrophysikerinnen dürften eigentlich nur die Sterne gleichzeitig abbilden, die auch heute noch mit Gewissheit existieren. In den Bildern des Hubble-Teleskops würden dann wahrscheinlich eine Menge Galaxien und Sonnen fehlen. Das Universum wäre sehr viel leerer geworden.

Heute wissen wir, dass das Universum gigantisch groß ist. Unsere Galaxie Milchstraße enthält etwa 100 Mrd. Sonnen. Der für uns sichtbare Kosmos enthält etwa 2 Billionen Galaxien, also gibt es schätzungsweise 200 Trillionen Sonnensysteme. Das kann sich niemand wirklich vorstellen.

Die Geburt unseres Universums soll vor 13,8 Mrd. Jahren in Form eines „Urknalls" stattgefunden haben. Da sich der Raum des Universums sehr schnell ausdehnt, können wir 46 Mrd. Lichtjahre weit blicken.[11] Entfernte Galaxien können sich tatsächlich mit Überlichtgeschwindigkeit von uns entfernen. Das ist kein Widerspruch zur Relativitätstheorie, da diese nur Aussagen über die Bewegung im Raum macht. Warum sich der Raum etwa 4 Mrd. Jahre nach dem Urknall sogar in der Ausdehnung beschleunigt, ist das große Rätsel der Astrophysik. Diese Dynamik des Raums können wir nur messen, weil sich alle Objekte darin sehr schnell voneinander entfernen. Man nimmt an, dass sich die darin befindliche Anzahl der Objekte und ihre Masse nicht wesentlich verändert. Vorstellen können wir uns eine Anzahl von 200 Trillionen Sonnensystemen (2×10^{20}) allerdings nicht. Es gibt sogar die Schätzung über 10^{23} Sterne, wenn die Zwerggalaxien einbezogen werden.[12]

Wenn unsere Sonne die Größe eines Sandkornes hätte, bräuchte man sämtliche Strände der Erde, um die Anzahl der Sonnen im Kosmos darzustellen. Planeten wie die Erde nicht eingerechnet.

Wir kennen bis heute weder die Größe noch die Form des Kosmos. Astrophysiker haben sich deshalb gefragt, ob der Raum überhaupt eine Gestalt besitzt oder vielleicht nur der Ort ist, wo etwas passiert. Erst der Physiker Albert Einstein (1879-1955) hat mit Hilfe einer neuen Mathematik eine Antwort formuliert und die Sichtweise der euklidischen Geometrie korrigiert.

Der Mathematiker Johann Carl Friedrich Gauß (1777-1855) war der erste, der neue Regeln für gekrümmte Räume aufstellte. Sein

Kollege Bernhard Riemann (1826-1866) hat dann die Messmöglichkeit noch für gekrümmte Räume jeglicher Dimension erweitert.

Nach Einstein wurde durch die Krümmung des Raumes und die darin enthaltene Masse der Raum und die Zeit selbst zu Akteuren. Rechnerisch entstand so ein dynamisches Universum, das Einstein aber nicht akzeptieren wollte und deshalb eine Konstante erfand. Der Astronom Edwin Hubbel (1889-1953) konnte nun aber mit Hilfe der Rotverschiebung beweisen, dass sich das All ausdehnt und nicht statisch ist.

Wenn das Universum plötzlich entstanden ist, dann müsste man eine Reststrahlung des Urknalls messen können. Diese hat sich bis heute in den Mikrowellen-Bereich verschoben und konnte tatsächlich gemessen werden.[13] Auch dies belegt die Theorie eines Urknall-Ereignisses.

Das Universum ist vor 13,8 Mrd. Jahren aus dem Nichts entstanden. Wenn das Universum immer bestanden hätte, wäre im Übrigen die Nacht hell wie der Tag. Heute sehen wir nur das Licht der Sterne, das uns bis heute erreicht hat. Würden wir in einer Dimension der Zeitlosigkeit leben (oft „Jenseits" genannt), dann würden wir uns permanent in einem diffusen Lichtraum bewegen und keine Ursache des Lichts erkennen können. Natürlich gebe es dann auch keine Dunkelheit, keinen Abend und keinen Morgen.

Im Universum rotiert alles. Überall ist etwas in Bewegung geraten. Davon spüren wir auf unserer Erde allerdings herzlich wenig. Zum Glück. Am Äquator würden wir uns mit einer Geschwindigkeit von

1666 km/h dank der Eigenrotation unseres Planeten bewegen. Unsere Erde fliegt mit einer Geschwindigkeit von 108.000 km/h um die Sonne. Unsere Galaxie rast mit einer Geschwindigkeit von 1.500.000 km/h durch das All. Das Licht ist mit 1.079.244.000 km/h unterwegs, um uns zu zeigen, dass es vor 13,8 Mrd. Jahren einen Anfang gab.

Mit Albert Einstein gehen wir davon aus, dass es nichts Schnelleres gibt als die Ausbreitung des Lichts bzw. einer elektromagnetischen Welle im Vakuum (rund 300.000 km pro Sekunde). Deshalb erreicht uns die Information über die Existenz eines leuchtenden Sterns nicht sofort, sondern verzögert. Durch die Größe des Universums bedingt, kann das sehr lange dauern.

Mittlerweile kennen wir auch physikalische Phänomene wie die Quantenverschränkung, die uns zeigt, dass Informationen auch ohne Zeitverzug übermittelt werden können. Auch die noch wenig erforschten „Torsionsfelder" könnten die Möglichkeit bieten, Informationen aus dem Kosmos in Echtzeit zu erhalten. Dann könnten wir das Universum als Ganzes studieren, wie es heute aussieht und nicht nur wie Teile vor Milliarden Jahren aussahen. Auf dieses Thema komme ich später wieder zurück. Bleiben wir also noch dabei, wie die heutige Astrophysik unser Universum beschreibt.

Das Universum als Raum soll nach Einstein gekrümmt und damit endlich sein. Theoretisch würde man dann an dem Punkt wieder ankommen können, an dem ein Raumschiff losgeflogen wäre. Natürlich werden wir das nie beweisen können.

Die heutige Vorstellung vom Universum geht auf die Allgemeine

Relativitätstheorie von Albert Einstein zurück, die er 1917 veröffentlicht hatte. Um das Universum berechenbar zu machen, wurde unterstellt, dass das Universum homogen mit Materie gefüllt ist, so dass es für jeden Beobachter unabhängig von der Richtung gleich aussieht (isotrop).[14] Das wäre dann wie in einer Waldkultur, in der alle Bäume als Folge einer forstwirtschaftlichen Planung den gleichen Abstand hätten. Egal, an welcher Seite man den Wald betreten würde, er würde immer gleich ähnlich aussehen.

100 Jahre später sieht es allerdings so aus, dass die Annahme der Gleichverteilung eine Vereinfachung gegenüber der Wirklichkeit war, da heutige Messungen den Eindruck einer inhomogenen Struktur ergaben.

Urknall – Schöpfung oder Zufall?

Glaubt man den Astrophysikern, dann war am Anfang der Welt schon die gesamte Energie und Materie vorhanden, die wir heute noch beobachten können. Auch die Naturgesetze mit ihren Konstanten existierten schon. Schon dies scheint ein Beleg dafür zu sein, dass unsere Welt erschaffen worden ist. Es verändern sich zwar die Formen aber das Wesen der Dinge scheint gleich zu bleiben.

Am Anfang gab es also eine bestimmte Menge an Energie und bestimmte Regeln, nach denen sich diese Energie verhalten kann. Diese Regeln sagen auch genau, wie sich Materie bilden darf. Am Anfang wurden die Grundlagen für die Entwicklung des Kosmos bereitgestellt. Es gab also genügend Baumaterial und die nötigen Vorschriften, wie das Material verformt werden kann. Ob es aber einen detaillierten Bauplan für die kosmische Entwicklung gab, mag bezweifelt werden. Überall wirken auch die Kräfte des Zufalls. Dies kann nicht übersehen werden. Es gibt möglicherweise eine Schöpfung. Es gibt aber auch evolutionäre Prozesse als Produkt von Chaos und Ordnung. Der britische Physiker Paul Davis (*1946) fasst die Erkenntnis des Urknalls so zusammen:

„Der Urknall war die abrupte Erschaffung des Universums buchstäblich aus dem Nichts – kein Raum, keine Zeit, keine Materie." [15]

Nach der aktuellen Vorstellung unserer Kosmologen ist das Weltall in der unvorstellbar kurzen Zeit von 1×10^{-34} Sekunden entstanden. Eine Zahl mit 34 Stellen nach dem Komma, die ich hier nicht ausschreiben kann. In dieser ultrakurzen Zeit sollen auch die Grundbausteine der Materie entstanden sein, ungefähr 10^{89} – eine unvorstellbare Zahl mit 89 Nullen.

Die Schöpfungsgeschichte würde dann wahrscheinlich damit enden, dass Gott noch die einfachen Atome wie Wasserstoff, Helium und Lithium aus den Elementarteilchen zusammenstellte und dann den Kosmos sich selbst überließ. Nach der Vorstellung der Kosmologen dehnt sich das Universum ohne einen Rand aus. Das Zentrum ist gewissermaßen überall und nirgends. [16]

Mehrere Milliarden Jahre soll es dann gedauert haben, bis aus den leichten Atomen, schwerere Atome geworden sind und die Gravitation Milliarden von Galaxien mit unvorstellbar vielen Sonnensystemen geschaffen hat. In einer relativ kleinen Galaxie entstand dann auch unser Sonnensystem mit einigen Planeten. Auf einem dieser

Planeten konnte dann wiederum auch „zufällig" eine Umwelt entstehen, die lebendige komplexe Systeme wie uns im Rahmen der Evolution hervorgebracht haben.

Der Urknall ist die unter Wissenschaftlern und Wissenschaftlerinnen beliebteste Idee, um die heutige Gestalt des Universums zu erklären. Doch der Blick auf die ersten Momente des Alls blieb den Forschern lange verwehrt. Anfang 2006 ist es aber doch gelungen, die erste Billionstel Sekunde der Existenz des Alls zu erforschen. Mithilfe des US-Satelliten WMAP konnte das älteste Licht des Universums aufgefangen werden. Der Satellit kann Temperaturunterschiede von weniger als einem millionstel Grad feststellen und dadurch auch Fluktuationen im Nachglühen des Urknalls entdecken, der vor immerhin 13,8 Milliarden Jahren stattgefunden hat.

Die Messungen von WMAP lieferten den bisher besten Beweis, dass am Anfang aller Dinge tatsächlich der Urknall stand und dass sich das Universum in den ersten Augenblicken seiner Existenz mit unvorstellbarer Geschwindigkeit ausgedehnt hat.

Das All hat sich innerhalb einer Billionstel Sekunde von der Größe einer Erbse zur Größe des heute beobachtbaren Universums aufgebläht. Wenn das nicht als Beweis gelten kann, dass das Universum erschaffen wurde. Was ist es denn dann? Unwissenschaftlich könnte man sagen, das All war plötzlich da, als hätte es jemand angeschaltet. Der Urknall als Ursache aller Ereignisse hätte selbst keine Ursache. „Wie jedoch kann ‚alles' aus ‚nichts' entspringen?" [17]

Gemäß der Inflationstheorie hat sich unser Universum nach dem Urknall um das 100-Billionen-Billiarden-fache aufgebläht. Damit wurden die aufgrund der Quantenmechanik immer vorhandenen winzigen Dichteschwankungen auf die Größe von Galaxien aufgeblasen, womit man deren Existenz erklärt.

In den letzten Jahren sind viele Zweifel an dem aktuellen Urknall-Modell aufgetaucht. Der wesentliche Grund sind die verschiedenen Messergebnisse der sogenannten Hubble-Konstante. Messungen des frühen Universums passen nämlich nicht zu den heutigen Werten. Je nachdem, welche Messmethode und Gegenstand gewählt werden, kommen verschiedene Ergebnisse heraus. So passen die Ergebnisse bei der Hintergrundstrahlung, der Helligkeit der Roten Riesensterne, der Gravitationslinsen und der Gravitationswellen nicht zusammen. Der Physiker Hans-Peter Dürr (1929-2014) kommt zu folgender Bewertung:

„Hawking kommt mit dem »Big Bang«. Diesen Gedanken halte ich nun für das Verrückteste, was man sich einfallen lassen kann. Der »liebe Gott« hat wenigstens noch eine Woche Zeit gehabt. Jetzt gibt man ihm nicht einmal mehr eine Trillionstel Sekunde." [18]

Das Planck-Weltraumteleskop der Europäischen Weltraumorganisation hat die bislang genaueste Karte der kosmischen Hintergrundstrahlung geliefert, die ein Abbild über die Verhältnisse kurz nach dem Urknall zeigen soll. Nach der Inflationstheorie hat man neue hypothetische Teilchen („Inflaton") mit einer Art Antigravitation erfunden, um die starke Aufblähung kurz nach dem Urknall zu erklären. Dann hätten sich die im Vakuumfeld vermuteten Quantenfluktuationen in unterschiedlicher Dichte und Temperatur bemerkbar gemacht. Der „Schnappschuss" vom frühen Universum zeigt allerdings ein anderes Ergebnis. Es gibt zwar unterschiedlich warme

Flecken. Diese unterscheiden sich allerdings nur um 0,01 Prozent. Besonders interessant: „Das beobachtete Fleckenmuster erweist sich als selbstähnlich. Seine körnige Struktur bleibt bei immer stärkerer Vergrößerung fast dieselbe". [19]

Das sieht dann eher nach der Wirkung eines nicht-linearen Programms aus, das wir überall in der Natur beobachten können. Die einfachste visuelle Umsetzung ist die sogenannte Mandelbrotmenge, die bei vielen Iterationsschritten Muster erzeugt, die auch bei hohen Auflösungen erkennbar bleiben.

Der niederländische Physiker und Nobelpreisträger Gerardus´t Hooft glaubt, dass das Universum im Prinzip ein „zellulärer Automat" ist. Dieser könnte aus mehrdimensionalen Zellen bestehen, die sich im Laufe der Zeit in komplexen Gittern vermehren und miteinander wechselwirken. Dabei sind die Entwicklungsschritte über „Freiheitsgrade" festgelegt. Ein eindimensionales Modell kann leicht mit der Maschinensprache eines Computers mit 0 und 1-Zuständen programmiert werden. Eine Regel gibt dann beispielsweise vor, wie sich die nächste Zelle bzw. Zeile von der vorherigen unterscheiden soll.[20] Schon nach einigen hundert Schritten (Iterationen) bekommt man selbst mit diesem einfachen Modell selbstähnliche Muster. Dann könnte das Universum seine Komplexität quasi durch programmierte Entwicklungsschritte in einem langen Zeitraum selbst geschaffen haben.

Auf der Suche nach neuen Welt-Modellen sind einige Astrophysiker sehr kreativ geworden. Sie haben das Universum als ein Netz von Galaxien gesehen, die durch Gase und Dunkle Materie miteinander in Beziehung stehen. Eine Arbeitsgruppe um Joseph Burchett (University of California in Santa Cruz) hat den Algorithmus eines Schleimpilzes genutzt, um die Vernetzung von 37.000 Galaxien zu simulieren. Damit konnte eine Prognose erstellt werden, die erstaunlich gut zu den bekannten Verbindungen passt. [21]

Möglicherweise entwickelt sich das Universum nach den gleichen Regeln, die wir bei lebendigen Strukturen erkennen können. Dann müsste es auch Informationsprozesse in der „toten" Materie geben, wie wir sie in der lebendigen Welt beobachten. Damit wären wir einer einheitlichen Theorie zur Erklärung des Universums einen großen Schritt nähergekommen.

Die Astrophysik befindet sich augenscheinlich in einer Krise. Schon werden neue Lösungen in die Diskussion gebracht, um das Modell zu reparieren, aber nicht grundsätzlich in Frage zu stellen. Einige denken über eine noch unbekannte vierte Sorte von Neutrinos nach oder eine noch nicht bekannte Wechselwirkung. Andere können sich vorstellen, dass es am Anfang des Universums einfach mehr von der „Dunklen Energie" gab.

Dunkle Energie und dunkle Materie

Der Schweizer Astronom Fritz Zwicky (1898-1974) stellte bei seiner Beobachtung von Galaxienhaufen schon um das Jahr 1930 fest, dass die Umkreisung der Galaxien um einen gemeinsamen Schwerpunkt nicht allein mit der Masse der Sternenhaufen erklärt werden konnte. Um das Jahr 1970 kam die US-Astronomin Vera Rubin (1928-

2016) bei der Beobachtung einzelner Galaxien ebenfalls zum Ergebnis, dass die beobachtbare Masse nicht ausreichte, um die Bewegung der weiter außen liegenden Sterne zu erklären. Diese bewegten sich durchschnittlich in der gleichen Geschwindigkeit um das Galaxienzentrum wie die Objekte in der Nähe des Zentrums.

Nach der Vorstellung, die wir von der Gravitationskraft haben, müssten sich die Objekte im Außenbereich eigentlich langsamer bewegen, weil die Schwerkraft im Quadrat des Abstands abnimmt. Da man von der universellen Wirkung der Newton-Gesetze weiterhin überzeugt ist, postulierte man unsichtbare Masse-Teilchen, um diese Abweichungen zu erklären. Diese hypothetischen Teilchen konnten bis heute trotz aufwändiger Experimente nicht belegt werden. Trotzdem halten die meisten Physiker bzw. Physikerinnen an dem Modell der Dunklen Energie und Dunklen Materie fest. Man könnte die Wirkung der Dunklen Materie auch mit der Wirkung einer Flüssigkeit ohne inneren Druck beschreiben und damit dann die Beobachtungen der Sternbewegungen erklären. [22] Allerdings muss dann der Anteil der sichtbaren zur unsichtbaren Masse in jedem System neu bestimmt werden.

Die durchschnittliche Verteilung von Dunkler Energie und Dunkler Materie im Universum wurde relativ genau bestimmt. Demnach besteht das Universum zu lediglich 4 Prozent aus gewöhnlichen Atomen. 22 Prozent gehen auf das Konto der Dunklen Materie. Die restlichen 74 Prozent des Alls gehen auf die nicht weniger geheimnisvolle Dunkle Energie zurück. Sie wird von Wissenschaftlern bzw. Wissenschaftlerinnen auch dafür verantwortlich gemacht, dass sich das Universum mit stetig wachsender Geschwindigkeit ausdehnt.

Während die Anziehungskraft der Dunklen Materie die kosmische Ausdehnung verlangsamt, soll die Dunkle Energie diese im Gegensatz dazu beschleunigen. [23] Woraus diese bestehen, ist trotz vieler Theorien weiterhin unklar: Die Partikel senden keine elektromagnetische Strahlung aus und konnten noch nie direkt beobachtet werden.

Trotzdem tut die Astrophysik so, als wenn die Dunkle Energie und Materie nicht nur eine Hypothese unter anderen Möglichkeiten wäre. Aktuell glaubt man tatsächlich, dass 96 % des Universums mit diesen unbekannten Kräften erklärt werden können, weil man ja sonst die Vorstellung von den Schwerkraftgesetzen korrigieren müsste. Oder noch schlimmer: Man müsste an der Relativitätstheorie von Albert Einstein zweifeln, die viele Phänomene unserer Welt richtig beschreibt und – wie die Schwarzen Löcher – sogar vorhergesagt hat.

Es ist nicht zu übersehen, dass das mechanistische Weltbild der Astrophysik heute viele Risse aufweist und die Wirklichkeit nicht abbildet. Trotzdem ist der Glaube noch unerschüttert, dass man mit dem Modell der Dunklen Energie und Materie eigentlich richtig liegt.

Einige Astrophysiker bzw. Astrophysikerinnen glauben, erste Eckdaten dieser geheimnisvollen Substanz zu kennen, nachdem sie zwölf Galaxien „gewogen" haben.[24] Mit mehreren 8-Meter-Teleskopen auf dem Gipfel des chilenischen Berges Paranal beobachteten sie die Galaxien in unserer Nachbarschaft. Aus 7000 Einzelmessungen erstellten sie dreidimensionale Rechenmodelle. Weil diese auch die Bewegung der einzelnen Sterne enthielten, kann man daraus auch den Einfluss der im Verborgenen wirkenden dunklen Materie berechnen. Dunkle Materie kommt demnach in einer Art kleinster möglicher Menge vor. Die Autoren sprechen von Blasen mit rund 1000 Lichtjahren Durchmesser.

Ein Forscherteam von der Cardiff University in Wales ist sogar davon überzeugt, eine Galaxie entdeckt zu haben, die fast vollständig aus Dunkler Materie besteht. Die 50 Millionen Lichtjahre entfernte Galaxie ist mit Hilfe von Radioteleskopen in Cheshire und Puerto Rico aufgespürt worden.

Forscher aus Cambridge haben zusammen mit Kollegen aus Deutschland und den USA sogar eine neue Methode eingesetzt, um der Dunklen Energie und der Expansion des Universums auf die Spur zu kommen. Mit dem Röntgen-Weltraumteleskop Chandra studierten sie 26 Galaxienhaufen, die bis zu acht Milliarden Lichtjahre von der Erde entfernt sind. Damit stammen sie aus einer Zeit, als sich die erste Ausdehnung des Universums verlangsamte, um dann plötzlich wieder an Geschwindigkeit zuzulegen. Vor etwa sechs Milliarden Jahren, so das Fazit des Forscherteams, hat die Abstoßungskraft der Dunklen Energie die verlangsamende Kraft der Gravitation überflügelt und die Ausdehnung des Alls wieder beschleunigt. Ihnen gelang darüber hinaus noch eine weitere Entdeckung. „Unsere Resultate legen nahe, dass die Dichte der Dunklen Energie keine schnellen Veränderungen zeigt und sogar konstant sein könnte", sagte der Astronom Andrew Fabian (*1948), Co-Autor der Studie. Das würde mit Albert Einsteins Konzept der Kosmologischen Konstante übereinstimmen. Sollte die Dunkle Energie unveränderbar sein, würde sich das Universum in alle Ewigkeit weiter ausdehnen. Auch diese Wissenschaftler bzw. Wissenschaftlerinnen erzielten das Ergebnis, dass Dunkle Energie rund 75 % und Dunkle Materie etwa 21 % ausmacht und die sichtbare Materie lediglich 4 % des Universums darstellt.

Von der sichtbaren Materie bestehen allerdings nur etwa 60 % aus den Sternen. 40 % der Materie ist in den intergalaktischen heißen Gasmassen (Filamenten) konzentriert.[25] Diese Tatsache erklärt, dass es dadurch besonders schwierig ist, die Auswirkungen der Schwerkraft zu berechnen.

Es scheint auch riesige Objekte im Universum zu geben, die praktisch unsichtbar sind. Die Galaxie „Dragonfly 44" besitzt beispielsweise fast keine sichtbaren Sterne aber trotzdem die Masse unserer Galaxie Milchstraße. Das Objekt ist 300 Mio. Lichtjahre von uns entfernt, besitzt eine Masse von etwa einer Billion Sonnenmassen und besteht angeblich zu 99,99 % aus Dunkler Materie. Entdeckt wurde dieses Objekt 2014 mit Hilfe des Keck-Observatoriums und des Gemini-North-Teleskops auf Hawaii im Coma-Galaxienhaufen.

Wir sehen nichts, aber messen die Gravitationskräfte. Der Begriff „Dunkle Materie" ist deshalb eigentlich nur ein Platzhalter für eine noch unbekannte Physik. Im Grunde kennen wir nur 4% des Universums und wissen über den Rest eigentlich nur, dass da eine der Gravitation vergleichbare Kraft und noch eine andere unbekannte Energieform wirken. Vielleicht haben wir auch nur die Gravitation falsch verstanden?

Es gibt deshalb auch noch andere Theorien, um zu erklären, warum die Geschwindigkeit von Masseobjekten ab einem bestimmten Abstand vom Zentrum fast konstant bleibt. Der israelische Physiker Mordehai Milgrom (*1946) geht davon aus, dass sich die Gravitation ab einer bestimmten Entfernung im Verhältnis zum Abstand und nicht mehr mit dem Abstandsquadrat abschwächt. [26] Das entspricht zwar den Messungen, würde aber die Frage aufwerfen, ob das dann eine zweite Art von Schwerkraft wäre.

Viele Beobachtungen führten dazu, sich die Dunkle Energie und Materie auszudenken. So haben zwei Schwarze Löcher sich vor mehr als einer Milliarde Jahren so weit angenähert, dass sie miteinander verschmolzen. Dieses Ereignis soll das Gefüge der Raumzeit stark erschüttert und Gravitationswellen erzeugt haben, die 2015 am „Gravitationswellenobservatorium LIGO" in den USA gemessen werden konnten. Die Massen dieser Schwarzen Löcher waren danach zwei bis dreimal größer als die bisher bekannten, die aus der Supernova-Explosion massereicher Sterne entstehen. Man hält es deshalb für möglich, dass Schwarze Löcher schon existieren konnten, bevor sich die ersten Sterne bildeten. Damit könnte man dann möglicherweise einen Teil der Dunklen Materie erklären.[27]

Schwarze Löcher

Bei der Vorstellung seiner Allgemeinen Relativitätstheorie hat Albert Einstein 1915 in Berlin vor der Preußischen Akademie der Wissenschaften auch „Schwarze Löcher" beschrieben, die sich aus seinen Gleichungen herleiten ließen. Erst am 14. September 2015 - also ein Jahrhundert später - hat das Gravitationswellen-Observatorium

LIGO in Louisiana die vorhergesagten Gravitationswellen tatsächlich gemessen, die bei der Verschmelzung von zwei Schwarzen Löchern entstehen sollten.

Schwarze Löcher sind merkwürdige Objekte im Weltraum, die so dicht und damit so schwer sind, dass wegen der großen Gravitationskräfte nicht einmal das Licht ihnen entkommen kann. Deshalb geben Schwarze Löcher selbst keine Strahlung ab. Ob es sich dabei wirklich um Löcher handelt, ist fraglich. Denkbar sind auch kugelförmige Objekte. Wir werden dies allerdings wahrscheinlich nicht klären können, da wir keine drei-dimensionalen Objekte im Universum außerhalb unseres Sonnensystems vermessen können und diese nur als zwei-dimensionale Objekte erscheinen. Da Schwarze Löcher das Licht verschlucken, können sie auch keinen Schatten werfen. Erstaunlich ist, dass wir doch schon eine ganze Menge über diese seltsamen Objekte wissen.

Astronomen haben beispielsweise das Schwarze Loch im Zentrum unserer Galaxie, der Milchstraße, neu vermessen und festgestellt, dass sein Durchmesser nur dem Abstand zwischen Erde und Sonne entspricht. Das Schwarze Loch hat eine Masse von etwa vier Millionen Sonnen und ist 26.000 Lichtjahre von der Erde entfernt. Ein Lichtjahr entspricht etwa 9,5 Billionen Kilometer.

Was in die Nähe eines Schwarzen Lochs kommt, gilt in aller Regel als unrettbar verloren. Ende 2005 stellte sich aber heraus, dass sie auch den Geburtshelfer spielen können.

Sagittarius A* ist das Schwarze Loch der Milchstraße. Weil Staubwolken das Zentrum unserer Heimatgalaxie verhüllen und für optische Teleskope unsichtbar machen, nutzten Astrophysiker bzw. Astrophysikerinnen der University of Leicester in Großbritannien und des Max-Planck-Instituts für Astrophysik in Garching das Chandra-Röntgenteleskop der NASA. Damit konnten sie feststellen, dass 50 bis 100 junge massereiche Sterne recht nahe um das Schwarze Loch kreisen, aber nicht nahe genug, um von ihm eingefangen zu werden. Die Sterne umfassten bis zu 50 Sonnenmassen und strahlen 100.000-mal so stark wie unsere Sonne. Die Forscher konnten feststellen, dass die Sterne um Sagittarius A* nicht von einem vorbeistreifenden Sternenhaufen zurückgelassen wurden, sondern dort entstanden sind.

Die Schwarzen Löcher sind ohne Zweifel die geheimnisvollsten Objekte, die die Astronomen im Kosmos beobachten können. Ob sie die Rolle im All spielen, Materie zu vernichten und zu erzeugen, ist noch nicht abschließend erforscht.

Es gibt auch die Idee, dass die Dunkle Materie „aus einer Vielzahl „primordialer" Schwarzer Löcher besteht" [28]. Das sollen Schwarze Löcher sein, die bereits existierten, bevor sich Sterne gebildet haben. Diese Idee geht auf den Astronom Bernard J. Carr zurück, einen Doktoranden von Stephen Hawking. Danach hätte der Urknall unglaublich viele Schwarze Löcher erzeugt, die die beobachteten Gravitationsabweichungen erklären könnten. Die dort vorhandene Masse kann aber nicht gesehen werden, weil die Schwarzen Löcher auch das Licht „verschlucken". Dann wäre die bisher erfolglose Suche nach den hypothetischen Teilchen der Dunklen Materie leicht zu erklären. Aber auch die Theorie der „primordialen Schwarzen Löcher" ist bislang nur hypothetisch und müsste durch konkrete Messungen der Verteilung der Infrarotstrahlung und der Gravitationswellen bestätigt werden.

Schwarze Löcher werden eigentlich erst dann seltsam, wenn man ihnen zu nahekommt. Theoretisch könnten wir unsere Sonne durch ein Schwarzes Loch mit gleicher Masse und einem Radius von etwa 3 Kilometern ersetzen. Dann könnte kein Leben mehr auf unserem Planeten existieren, aber die Planeten würden sich weiterhin um das Schwarze Loch bewegen, wie sie es jetzt tun. In Wirklichkeit zerstören Schwarze Löcher benachbarte Sterne sehr selten. In der Milchstraße soll das nur einmal in 100.000 Jahren wahrscheinlich sein.[29]

Wenn zwei Galaxien miteinander verschmelzen, dann können auch zwei Schwarze Löcher im Zentrum existieren (wie in der Galaxie NGC 7674). Irgendwann werden diese beiden Schwarzen Löcher auch miteinander verschmelzen und wir werden die dann entstehenden Gravitationswellen messen können. Das kann allerdings noch 100.000 Jahre bei dieser Galaxie dauern. Gravitationswellen von anderen Kollisions-Ereignissen wurden seit 2017 mehrfach gemessen und sind mathematisch gut erklärbar.

Der Physiker Stephen Hawking (1942 - 2018) hat sich intensiv mit den Schwarzen Löchern beschäftigt und seine Theorien darüber mehrfach geändert. Bei einem Vortrag 2015 in Stockholm sagte er:

„Dinge können einem Schwarzen Loch entrinnen, sowohl nach außen als möglicherweise auch in ein anderes Universum". [30]

Hawking hat auch „Schwarze Miniaturlöcher" postuliert, die nicht größer als ein Proton sind (10^{-13} cm), aber dennoch eine Milliarde Tonnen wiegen können. [31] Wie ist das möglich? Unvorstellbar.

Das Bild von den Schwarzen Löchern hat sich bis heute fundamental geändert. Plötzlich entdecken Forscher bzw. Forscherinnen auch kleine Schwarze Löcher in unserer Milchstraße. Es gibt sogar die Idee, dass der unbekannte Planet X in unserem Sonnensystem in Wirklichkeit ein kleines Schwarzes Loch ist, das einen Durchmesser von nur etwa 3 Zentimetern hätte und zehn Mal so schwer wie die Erde wäre.

Der deutsche Astrophysiker Günther Hasinger (*1954, heute Wissenschaftsdirektor der Europäischen Raumfahrtagentur ESA) behauptet: „Die Schwarzen Löcher stehen nicht am Ende der Geschichte, sondern am Anfang … Sie waren die allerersten Himmelskörper im Universum und wurden später zu den Geburtshelfern der Sterne". [32] Hasinger hat mithilfe statistischer Modelle die Masse der Vielzahl an unterschiedlich großen Schwarzen Löchern abgeschätzt und kam auf einen Wert, der der Masse der hypothetischen Dunklen Materie entspricht.

Die Konsequenzen dieser neuen Sicht auf die Schwarzen Löcher sind noch nicht absehbar. Eines kann man schon jetzt sagen: Wir können das Modell der Dunklen Materie wahrscheinlich getrost vergessen und die teure Suche nach einem weiteren hypothetischen Teilchen einstellen.

Die Physik hat Erstaunliches über die Größe und Dynamik unseres Universums beschrieben und gibt zu, dass sie über 96 % des Universums und die Schwarzen Löcher faktisch nichts weiß. Das Urknall-Modell wirft noch mehr Fragen auf und erklärt weder den Zeitpfeil noch die Naturgesetze. Wir sehen heute ein Universum vor uns, das uns viel abverlangt. Eigentlich müssten wir mit Demut ins All blicken und uns freuen, dass wir dazu gehören.

Merkwürdige Gravitationskraft

Was wir bei der Bewegung der Sterne im Kosmos beobachten können, erleben wir sogar in unserem eigenen Sonnensystem. Die Gesetze Newtons gelten dort allerdings nur bedingt.

Der Naturforscher und Philosoph Isaac Newton (1642-1726) hat 1687 als erster die Gravitation mithilfe einer mathematischen Formel beschrieben. Dieses von ihm formulierte Gravitationsgesetz ist eine der Grundgleichungen der klassischen Mechanik. Ihr zufolge ist die Gravitation eine Kraft zwischen zwei Körpern, die diese zu ihrem gemeinsamen Schwerpunkt hin beschleunigt, wobei ihre Stärke proportional zum Quadrat des Abstandes der Körper abnimmt. Das lernt man heute auch in der Schule.

Gravitation ist die schwächste Kraft im Universum und ist nicht abschirmbar. Dort wo Materie-Massen auftauchen und in Wechselwirkung zueinander treten, wirkt diese Kraft wie eine Anziehungskraft. Sie erzeugt gefühlt eine Schwere und wird deshalb auch als Schwerkraft bezeichnet. Wenn nur diese Kraft wirken würde, hätte die Sonne die Erde längst in ihr heißes Inneres gezogen. Da Massen aber „träge" sind, werden sie nur in eine Umlaufbahn gezogen, die im Fall der Erde leicht elliptisch ist. Man könnte meinen, zwischen

Sonne und Erde gebe es eine Schnur, die verhindert, dass die Erde ins All katapultiert würde, wenn sie wie bei einem Hammerwerfer losgelassen wird. Die Rotation erzeugt die „Zentrifugalkraft" und diese muss genau so groß sein wie die Gravitationskraft, sonst gebe es keine stabile Umlaufbahn. Durch die Drehung wirkt die Trägheitskraft nur noch nach außen. Nach Newton soll jeder Körper in seinem Zustand der Ruhe oder der gleichförmigen Bewegung „verharren", wenn er nicht durch eine einwirkende Kraft daraus entfernt wird. Carl Friedrich von Weizsäcker:

„Nach Auffassung der heutigen Physik kann dies nicht durch Erfahrung direkt bewiesen oder widerlegt werden, denn die heutige Physik kennt keinen Körper, auf den keine Kraft wirkt." [33]

Dieses Modell, dass die Planetenbewegungen erklärt, ist intuitiv noch zu verstehen. Trotzdem ist die feine Abstimmung der konkurrierenden Kräfte, die ein Gleichgewichtssystem erzeugen, ein Wunder. Diese Kraft wirkt nicht sofort, sondern wirkt nur so schnell wie das Licht.[34] Wenn die Sonne plötzlich kein Licht mehr aussenden würde, dann erfahren wir das erst 8 Minuten später. Bei einem Ausschalten der Gravitation der Sonne würde die Erde ebenfalls erst nach 8 Minuten ihre Umlaufbahn verlassen. Das wissen wir aber erst durch Einstein.

In der 1916 von Albert Einstein aufgestellten allgemeinen Relativitätstheorie wird die Gravitation allerdings auf eine geometrische Eigenschaft der „Raumzeit" zurückgeführt. Außerdem wird die Masse eines Körpers als eine Energieform interpretiert ($E = m \times c^2$). Die Raumzeit wird durch jede Form von Energie gekrümmt, wodurch eine Bewegung ausgelöst wird. Die Gravitation gilt dann als Trägheitskraft.

Einstein konnte mit dieser Theorie voraussagen, dass auch Licht durch große Massen im Raum verzerrt wird (Gravitationslinsen-Effekt) und es sogar Situationen geben könne, wo eine Masse die Raumzeit so stark krümmt, dass das Licht nicht mehr entweichen kann. Das hat man dann Schwarze Löcher genannt. Heute sagen Physiker, dass Gravitation einem „gestauchten" Raum entsprechen würde und dadurch die Beschleunigungseffekte entstehen würden. Bei einem verhältnismäßig dynamischen Geschehen wie beim Verschmelzen von Schwarzen Löchern oder Neutronensternen entstehen nach der Theorie Einsteins Gravitationswellen, die man tatsächlich 100 Jahre später messen konnte. Dabei wurden Schwingungen mit Hilfe von zwei etwa vier Kilometer langen Laserstrahlen im Bereich eines Atomdurchmessers gemessen. Ein Wunder der Technik. Damit war das Einstein'sche Model der Gravitationskraft durch Krümmung der Raumzeit endgültig bestätigt worden.

Dieses Modell wird oft durch ein Gummituch visualisiert, auf das ein Rechteck-Raster aufgedruckt ist. Wenn man dort eine Kugel hineinlegt, entsteht eine entsprechende Wölbung. Aus einer zweidimensionalen Fläche ist ein dreidimensionaler Körper geworden. Stephen Hawking hat dieses Bild auch in seinem gut bebilderten Buch „Das Universum in der Nußschale" benutzt, um die Allgemeine Relativitätstheorie anschaulicher zu machen.[35]

Im Deutschen Museum in München hat man versucht, die Wirkung der Raumkrümmung durch ein Trichtermodell zu simulieren. Dort laufen Stahlkugeln als Planeten in den flachen Trichter und bewegen sich ellipsenförmig um das Loch im Mittelpunkt. Durch die Reibung verlieren diese Kugeln Bewegungsenergie und verschwinden irgendwann in der Mitte. In Wirklichkeit können wir die vierdimensionale Raumkrümmung nicht sehen, sondern nur die Wirkung erkennen.

Die Ellipsen förmigen Planetenbahnen kann man sich im Prinzip auch visualisieren, wenn wir mit einem Zirkel auf einem gebogenen Blatt Papier malen (beispielsweise um eine Flasche gebogen). Dazu muss der äußere Arm in der Länge beweglich sein. Wir malen dann im dreidimensionalen Raum einen Kreis, der in der zwei-dimensionalen Fläche als Ellipse erscheint. Die Verzerrung vom Kreis zur Ellipse markiert eine Dimensionsreduktion.

Das Raumzeitmodell ist leider nicht so intuitiv verständlich wie die Anziehungskraft von Newton, erklärt aber auch beispielsweise besser, was im freien Fall passiert. Die Wirkung der Gravitation kann nämlich nicht von der Auswirkung einer Beschleunigung des Bezugssystems unterschieden werden. Bei einem frei fallenden Bezugssystem heben sich die Wirkungen von Gravitation und Beschleunigung auf.

Die Bremer Universität hat zur Demonstration des freien Falls sogar einen 146 m hohen Fallturm gebaut. In einer luftleeren Röhre fällt eine Kapsel in die Tiefe und erzeugt für etwa 5 Sekunden einen Zustand der Schwerelosigkeit. Im Vakuum fallen alle Körper gleichschnell und werden durch die Erde mit $9{,}81 \ m/s^2$ beschleunigt. Das Gewicht eines Körpers spielt dann keine Rolle. Eine Feder fällt dann genau so schnell wie ein Hammer. Dies hat der Astronaut David Scott (*1932) im Jahr 1971 sogar auf dem Mond gezeigt. In unserer

Atmosphäre erleben wir das nicht, weil sich der Luftwiderstand unterschiedlich auf die jeweilige Gestalt des Objektes auswirkt.

Der Begriff „Massenanziehung" ist irrführend, weil wir damit eigentlich das Ruhe-Gewicht assoziieren, das die Trägheit eines Objektes darstellt. Die Trägheit tritt nur dann als Gegenkraft auf, wenn wir ein Objekt (z.B. einen Schrank) bewegen wollen. Das Verhalten von gleichartigen aber unterschiedlich schweren Objekten im Fall würden wir intuitiv anders vorhersagen. Einen Fallversuch, den man leicht herstellen kann, ist mit Ping-Pong-Bällen möglich. Der eine Ball wird durch ein Loch mit Sand gefüllt. Lässt man beide gleichzeitig fallen, kommen sie auch gleichzeitig unten an, weil der Luftwiderstand der gleiche ist.[36] Die Gravitation bleibt mysteriös.

Die Relativitätstheorie beschreibt mathematisch exakter die Planetenbewegungen in unserem Sonnensystem als dies nach Newton schon annäherungsweise geschah. Sie erklärt aber nicht, was Gravitation eigentlich ist. Einstein hat nämlich die Gravitation als eine Wirkung in einem vier-dimensionalen Raum angesehen. Die Gravitation ist eigentlich eine Kraftwirkung, die durch eine geometrische Veränderung entsteht, die wir nicht direkt erfahren und messen können. Wie kann man sich das vorstellen?

Eine vierte Dimension können wir uns naturgemäß nicht vorstellen. Der Begriff „Raumzeit" bringt uns da auch nicht weiter. Was wir uns vorstellen können, ist hingegen ein zwei-dimensionales Wesen, das sich in einer zwei-dimensionalen Welt bewegt. Also ein Strichmännchen auf einem Blatt Papier. Wenn wir dieses Wesen mit Hilfe der Zeit über das Blatt laufen lassen (wie durch eine einfache Computeranimation), dann würde dieses Wesen keine Anstrengung verspüren. Dann zerknüllen wir das Blatt Papier und erzeugen damit Täler und Berge. Die kann das zweidimensionale Wesen natürlich nicht sehen. Für dieses Wesen bleibt seine Realität die gleiche wie vorher. Jetzt schicken wir dieses Strichmännchen noch einmal los. Wenn wir es befragen könnten, wird es erzählen, dass es an einer Stelle mal schwer oder auch mal leicht ging. Wenn es also auf den unsichtbaren Berg wanderte, war es anstrengender als sonst. Die geometrische Veränderung in der dritten Dimension konnte selbst nicht wahrgenommen werden. Diese Dimension blieb weiter unsichtbar. Das zweidimensionale Wesen konnte die Veränderung aber trotzdem erfahren, und zwar durch ein Gefühl für die veränderte Kraft.

Die Schwerkraft ist etwas, das wir fühlen können. Wir sind aber so daran gewöhnt, dass wir selten darüber nachdenken. Astronauten auf dem Mond bemerken dort eine Schwerkraft, die nur einem Sechstel der Erdgravitation entspricht. In einer Raumstation erleben sie sogar Schwerelosigkeit. Das kann ziemlich irritierend sein, da man nicht mehr „mit beiden Beinen im Leben" steht.

Die Schwerkraft soll im Verhältnis zur Masse eines Körpers stehen. Bei den runden Planeten und Sonnen geht man davon aus, dass der größte Teil der Masse im Kern konzentriert ist, wo der Druck und die Temperatur am höchsten sind. Natürlich sind das theoretische Annahmen, denn selbst in die Erde sind wir noch nicht sehr weit vorgedrungen. Geht man von einer vergleichbaren Entstehungsgeschichte bei den Planeten aus, so würde man denken, dass die Gravitation an der Oberfläche mit der Planetenmasse d.h. auch mit seiner Größe wächst. Das ist aber seltsamer Weise nicht so. Venus, Uranus, Neptun und Saturn zeigen an der Oberfläche praktisch die Gravitationsstärke wie auf der Erde, obwohl Uranus die 14-fache Masse der Erde besitzt. Neptun sogar das 17-fache und Saturn das 95-fache.[37] Das ist schon sehr merkwürdig. Für Monde, Zwergplaneten und Planeten mit einer kleineren Masse als der Erde (Merkur, Mars und Venus) wächst die Gravitation an der Oberfläche entsprechend der Quadratwurzel der Masse. Ab der Erdenmasse bis zum 100-fachen bleibt die Gravitation gleich. Danach steigt sie proportional zur Masse an (z.B. beim Jupiter).[38] Möglicherweise haben wir die Planetenbildung oder aber die Gravitation noch nicht richtig verstanden.

Wenn die Masse von Objekten die Raumzeit krümmt, dann müssten wir die Ursache eigentlich in den Kernbausteinen der Materie erkennen können. Bis heute ist es nicht gelungen, die Gravitationskräfte auf der Quantenebene der Atome zu erkennen und quantenmechanische Effekte als Ursache auszumachen. Wir können diese Kraft zwar in astronomischen Maßstäben messen und berechnen, aber nicht auf der Mikroebene erklären. Möglicherweise hat das auch damit zu tun, dass wir die Zeit als Bestandteil der Gravitation auch noch nicht verstanden haben und immer noch auf der Suche nach Teilchen sind und dabei die Wellenphänomene vernachlässigen.

Bei der Erforschung von Supraleitern, die praktisch keinen elektrischen Widerstand erzeugen, werden wir vielleicht einen Hinweis darauf finden, was die Gravitation beeinflusst. In Supraleitern hat man einen Effekt entdeckt, der bedeuten könnte, dass damit Gravitation „eingesaugt" also vermindert werden kann. Der russische Ingenieur Podkletnow soll diesen Effekt bei der Rotation einer supraleitenden Scheibe gemessen haben. Dabei soll es einen Gewichtsverlust von etwa 2 Prozent gegeben haben.[39] Wenn sich das als richtig erweist, wäre das nicht nur für die Gravitationstheorie von großem Interesse. Wir könnten dann vielleicht eines Tages auch die Stärke der Gravitation steuern und damit neue Antriebe für den Weltraum bauen.

Das größte Geheimnis bleibt die Antwort auf die Frage: Wo ist die Anti-Materie und damit die Anti-Gravitation geblieben? Im Urknall sollen die Masseteilchen wie der Wasserstoff aus dem Vakuumfeld entstanden sein. Dort bilden Materie und Anti-Materie noch eine Einheit. Erst durch Anregung dieses Feldes entstehen daraus gleichzeitig Paare von Protonen und Anti-Protonen, Elektronen und Positronen. Diese würden sich sofort wieder gegenseitig vernichten, wie man das in unseren Beschleunigeranlagen beobachten kann. Nur durch starke magnetische Kräfte können die Teilchen und ihre Spiegel-Teilchen daran gehindert werden. Bis heute weiß man nicht, wohin die Anti-Materie verschwunden ist. Die Theorie, dass sich etwas mehr Materie als Anti-Materie gebildet haben soll, ist nicht schlüssig und widerspricht den bisherigen Erkenntnissen. Anti-Materie müsste auch durch eine Art Antigravitation auffallen.

Dies konnte bisher nirgendwo beobachtet werden. Beim Genfer Forschungszentrum CERN hat man Wasserstoff-Atome aus Antiprotonen und Positronen hergestellt und festgestellt, dass die innere Struktur und die Energieniveaus mit dem normalen Wasserstoffatom identisch sind.[40] Die Frage, wie sich solche Teilchen zur Gravitation verhalten, ist experimentell noch nicht geklärt. Der Physiker Richard Price (*1943) von der Universität Utah hat theoretische Untersuchungen über „negative Massen" in einem Schwerefeld durchgeführt. Danach würde sich die negative Masse immer so ausrichten, dass sie über der positiven Masse schwebt.[41] In ihren Eigenschaften wäre eine negative Masse mit der sogenannten Dunklen Materie vergleichbar, die wie eine Anti-Gravitationskraft wirken soll.

Die Gravitation bleibt weiter geheimnisvoll. Vielleicht, weil sie nur scheinbar existiert? Der Theoretische Physiker Michio Kaku (*1947) hat dies auf den Punkt gebracht:

„In einem gewissen Sinn existiert die Gravitation nicht; die Bewegungen der Planeten und Sterne sind auf die Verzerrung von Raum und Zeit zurückzuführen." [42]

Genau dies ist das Ergebnis der Allgemeinen Relativitätstheorie. Ich frage mich, warum man dann immer noch nach einem Teilchen sucht, das die Wechselwirkung der Materie beschreibt („Gravitonen") und wie alle Elementarteilchen quantisiert ist.

Wunderbare Naturkonstanten

Hat Gott – wenn es ihn gibt - seine Schöpfung die ganze Zeit sich selbst überlassen? Vielleicht, weil ihm die Schöpfung nicht gefiel und er sogleich ein neues Paralleluniversum schuf? Die Naturwissenschaftler bzw. Naturwissenschaftlerinnen hätten damit keine Probleme. Ihnen reicht es, wenn sie irgendwann mit möglichst einer

Formel alle existierenden Kräfte beschreiben können, die unsere Welt gestalten und wenn sie sich vielleicht noch die Naturkonstanten erklären könnten. Von einer einheitlichen Feldtheorie sind wir heute aber weiter entfernt als noch vor 50 Jahren. Was sagen uns die sogenannten Naturkonstanten zum Wesen des Universums?

Die Bestimmtheit der Naturkonstanten ist ein Mysterium und vielleicht ein Indiz dafür, dass es so etwas wie ein mathematisches Programm gibt. Geringste Abweichungen im Millionstel-Bereich würden nämlich dazu führen, dass sich das Universum nicht hätte entwickeln können. Nur weil wir eine Formel gefunden haben, die uns die astrophysikalischen Beobachtungen beschreibt, wissen wir längst noch nicht, warum es diese Gleichung gibt. Alle Gleichungen enthalten irgendwelche Konstanten, die benötigt werden, damit sinnvolle Lösungen möglich sind, die die Wirklichkeit mathematisch beschreiben. Die Konstanten heißen Naturkonstanten, weil wir ihre Größen aus Berechnungen in der Wirklichkeit erhalten haben.

Schauen wir uns deshalb mal die sogenannte „Starke Kraft" an, die die Atomkerne zusammenhält. Wäre sie nur um wenige Prozentpunkte stärker, gäbe es keinen Wasserstoff mehr im All. Alle Wasserstoffatome, die im Urknall entstanden sein sollen, wären nach kurzer Zeit zu Helium verschmolzen. Chemische Verbindungen hätte es dann nicht geben können. Bei einem geringeren Wert hätten sich hingegen nie Atome bilden können.[43]

Ein anderes Beispiel: die Gravitationskonstante. Würde diese stärker wirken, wäre das Universum nach dem Urknall rasch wieder verschmolzen. Wäre die Gravitation schwächer, dann hätte sich die Materie zu einem dünnen Gasnebel verflüchtigt. Galaxien, Sterne oder Planeten hätten nie entstehen können. Der Chemiker Dr. Markus Widenmeyer (*1973):

„Würden Sie zum Beispiel die Gravitationskraft, eine der vier Grundkräfte der Physik, nur um ein Milliardstel Milliardstel Milliardstel von der Skalenbreite verändern, in der eine solche Grundkraft (mindestens) liegen kann, würde alles Leben zerstört werden." [44]

Die Konstanten könnten auch einem unglaublichen Zufall entspringen. Der britische Mathematiker und Physiker Roger Penrose (*1931) hat einmal die Wahrscheinlichkeit dafür ausgerechnet. Er kam auf die unvorstellbare Zahl von 1 x 10 hoch 10 hoch 123. Würde diese Zahl mit Ziffern von nur der Größe eines Protons ausgeschrieben, würde sie den Durchmesser des Universums übertreffen. An Zufall ist also nicht zu denken.

Trotzdem bemühen sich unsere Physiker natürlich, ein Modell zu entwickeln, das ohne einen Schöpfungsgeist bzw. Algorithmus auskommt.

Die Naturkonstanten (davon soll es insgesamt 37 geben) wurden aber auch als Beleg dafür gedeutet, dass es einen Schöpfergeist nicht gibt, da dieser das Ergebnis auch ohne die Festlegung von Konstanten erschaffen könnte. Dieser Einwand ist berechtigt.

Denkbar ist aber auch eine Schöpfung ganz anderer Art. Ein schöpferischer Geist hätte sich auch damit begnügen können, nur die Energie zu erschaffen und die Regeln zu definieren. Die Konstanten würden dann dazu dienen, um die Feinabstimmung des Systems vorzunehmen. Wie ein Programmierer, der ein Programm für eine nicht-lineare Simulation geschrieben hat. Der Astrophysiker Bernard Haisch:

„Statt wie ein Puppenspieler die Fäden zu ziehen, gibt dieser Gott die Kontrolle freiwillig an seine Geschöpfe ab, damit innovative Möglichkeiten entstehen können." [45]

Gott wäre dann allerdings nicht allmächtig, denn ein System mit bestimmten Freiheitsgraden reagiert teilweise chaotisch. Ob dabei etwas Sinnvolles herauskommt, kann man dann erst bewerten, wenn die Simulation abläuft und sich entwickelt. Dies zeigt, dass sich Schöpfung und Evolution nicht unbedingt gegenseitig ausschließen müssen. Es gibt Indizien, dass unser Universum genau so konstruiert ist.

Unerklärte physikalische Phänomene

Es gibt viele Hinweise darauf, dass das, was wir für das Gravitationsgesetz halten, die Wirklichkeit des Universums nur scheinbar richtig beschreibt. Der deutlichste Hinweis ist die Idee einer Dunklen Energie und einer Dunklen Materie. Das andere Problem ist die Vermutung, dass die Gravitation auf der Quantenebene keine Ursache hat und es deshalb möglicherweise kein einheitliches Bild vom Mikro- und Makrokosmos geben kann. Dann wäre es aber auch nicht zu erklären, wie zufällige Fluktuationen des Quanten-Vakuumfeldes nach dem Urknall die Struktur des Universums erzeugt haben sollen.

Es gibt darüber hinaus noch andere Phänomene, die die Astrophysiker um ihren wohlverdienten Schlaf bringen. Dazu ein paar Beispiele.

Die Ekliptik und der 9.Planet

Der Astrophysiker Michael E. Brown (*1965) vom California Institute (Pasadena) bemerkte einmal folgendes:

„Im Sonnensystem gibt es ein zentrales Rätsel, das so groß ist, dass niemand mehr darüber redet".[46]

Brown meint damit die sonderbare Ekliptik in unserem Sonnensystem, die sich um 6 Grad gegenüber dem Sonnenäquator neigt und auf der sich alle Planeten um die Sonne bewegen. Dies könnte mit der gängigen Theorie zur Entwicklung von Sonnensystemen nicht erklärt werden. Seit 1850 zerbrechen sich Astronomen darüber den Kopf. Brown erklärt diese Abweichung nun mit der Postulierung eines 10- bis 20-fach schwereren Planeten als der Erde, der sich auf einer um 30 Grad gegenüber der Ekliptik geneigten langgestreckten Bahn aufhalten soll. Da alle Planeten über die Gravitation verbunden sind, würde dieser Planet eine Hebelwirkung auf das System ausüben. Die Umlaufbahn des Planeten würde 4- bis 10-mal weiter als der Neptun-Orbit reichen und deshalb schwer sichtbar sein. Etwa alle 20.000 Jahre würde er der Sonne am nächsten sein.

Der Astrophysiker Alessandro Morbidelli (*1966) vom Observatorium der Côte d'Azur in Nizza:

„Die Indizien dafür, dass Planet 9 wirklich existiert, sind sehr stark …Wenn es ihn nicht gibt, haben wir uns schwer getäuscht." [47]

Aktuell befindet sich dieser Planet wahrscheinlich in der Nähe des sonnenfernsten Punkts seiner Bahn und bewegt sich irgendwo durch das Sternbild des Orion.

Der Sonnenzyklus

Die Aktivität der Sonne hinsichtlich Sonnenflecken, Strahlenausbrüche und Sonnenstürmen unterliegt einem regelmäßigen Zyklus von 11 Jahren. Parallel dazu polt sich das solare Magnetfeld um. Ein Motor könnten regelmäßige Plasma-Strömungen in den oberen und unteren Schichten sein. Ende 2019 hatte die Sonne ihre niedrigste Aktivität erreicht. Im Jahr 2025 ist dann wieder mit einem Höhepunkt der Aktivität zu rechnen mit entsprechenden Auswirkungen auf das Magnetfeld der Erde und unsere Kommunikationseinrichtungen. Eine echte Erklärung für dieses Naturphänomen haben wir nicht.

Polsprünge der Erde

Auch die Erde besitzt ein Magnetfeld, das sich etwa alle 300.000 Jahre umpolt. Seit Beginn der Messungen vor 170 Jahren soll das Feld um etwa 10 Prozent schwächer geworden sein. Auch der magnetische Nordpol soll im vergangenen Jahrhundert um rund 1000 Kilometer von Alaska Richtung Sibirien gewandert sein. Verursacht werden soll das Erdmagnetfeld durch den rotierenden Kern aus flüssigem Eisen. Wenn sich die Feldstärke weiter abschwächt, sollen sogar bis zu acht Magnetpole entstehen können. Ob diese magnetischen Veränderungen zu Katastrophen beitragen könnten, da ist man sich noch nicht einig. Mit großer Wahrscheinlichkeit wird die UV-Strahlung zunehmen und möglicherweise auch Mutationen auslösen. Eigentlich ist ein Polsprung der Erde längst überfällig. Der letzte Polsprung soll nämlich vor 780.000 Jahren gewesen sein, was Lava-Untersuchungen ergeben haben sollen. Wir wissen also doch noch sehr wenig über zyklische Vorgänge in unserer Erde.

Polarwirbel

Die Kälteeinbrüche im Februar 2021 wurden mit einer außergewöhnlichen Störung des sogenannten Polarwirbels begründet. Die polare Stratosphäre soll sich plötzlich um bis zu 30 Grad erwärmt haben. Dadurch wurde die Windbarriere um den Pol aufgehoben und kalte Polarluft konnte bis in die mittleren Breiten vordringen. Der Polarwirbel hatte sich in zwei Wirbel aufgespalten. Dies ist nur ein Beispiel für die chaotischen Entwicklungen, mit denen wir immer häufiger rechnen müssen. Als Ursache werden das schwindende arktische Meereis und die Erwärmung des Nordatlantiks angenommen. Die dadurch neu entstehenden Meeres- und Luftströmungen lassen sich nicht berechnen, da es sich dabei um nicht-lineare Ereignisse handelt.

Oumuamua

Die Astrophysik hat mit dem SETI-Projekt (1959 bis 1993) versucht, die Existenz außerirdischer intelligenter Lebewesen nachzuweisen, indem man Radiosignale aus dem All aufgefangen hat. Es ist aber nicht gelungen, eine nicht-natürliche Signatur zu entdecken. Das SETI-Projekt wurde deshalb eingestellt. Sind wir also allein im Universum?

Die vielen dokumentierten UFO-Phänomene auf der Erde hat die Wissenschaft nie akzeptiert, weil der Ursprung bzw. die Ursache für diese Phänomene weiterhin unklar erscheint und sich auch viele Ereignisse natürlich erklären ließen.

Im Jahr 2021 hat sich allerdings einer der bekanntesten Astrophysiker zu einer anderen Bewertung entschlossen. Der Harvard-Professor Avi Loeb (*1962) hat sogar ein Buch dazu veröffentlicht: „Außerirdisch: Intelligentes Leben jenseits unseres Planeten". Damit hat er sich in seiner Zunft sicher nicht beliebt gemacht.

Sein Meinungswandel wurde durch ein seltsames Objekt verursacht, das am 19. Oktober 2017 zum ersten Mal entdeckt wurde, wie es mit einer Geschwindigkeit von fast 100.000 km/h durch unser Sonnensystem flog. Es soll sich von der 25 Lichtjahre von uns entfernten Vega (Sternbild Leier) auf den Weg gemacht haben.

Man hat das Objekt in hawaiischer Sprache „Oumuamua" (Kundschafter) genannt, weil es zuerst von einem Observatorium auf Hawaii entdeckt wurde. Das Objekt war etwa 400 m lang und reflektierte mindestens zehnmal mehr Licht als typische Asteroiden oder Kometen. Das interstellare Objekt nutzte die Gravitation der Sonne aus, um seine Geschwindigkeit auf 320.000 km/h zu erhöhen. Dann soll es mit Hilfe einer eigenen Antriebskraft seine Bewegungsrichtung geändert haben. Nach Auswertung aller Daten ist Avi Loeb zum Ergebnis gekommen, dass dieses Objekt eine Art Erkundungssatellit mit Sonnensegeln gewesen sein muss. Wie es der Zufall so will, hatte Loeb etwa zwei Jahre davor angefangen, genau an so einem Projekt zu arbeiten.

Avi Loeb hatte am 12. April 2016 gemeinsam mit den Astrophysikern Freeman Dyson (1923-2020) und Stephen Hawking (1942-

2018) das „Starshot"-Projekt angekündigt. Die Finanzierung will Juri Milner (*1961), ein russischer Astrophysiker und Milliardär aus dem Silicon Valley übernehmen. Er wollte aber nur ein interstellares Projekt unterstützen, das noch zu seinen Lebzeiten Ergebnisse vorweisen könnte. Das Ziel sollte der 2016 entdeckte Planet Proxima b sein, der in einer Entfernung von nur 4,24 Lichtjahren um den Zwergstern Proxima Centauri kreist. Eine Rakete mit einem chemischen Antrieb bräuchte allerdings etwa 100.000 Jahre, um diesen Planeten zu erreichen. Avi Loeb hatte mit seinen Kollegen deshalb folgende Lösung vorgeschlagen:

„Wir berechneten, dass ein Laserstrahl mit hundert Gigawatt Leistung, der in der Lage wäre, einige Minuten lang auf ein Segel zu zielen, das in etwa so groß wie ein Mensch ist, das Segel zusammen mit der Kamera und dem Kommunikationsgerät auf ein Fünftel der Lichtgeschwindigkeit zu dem Zeitpunkt beschleunigen würde, da das Raumschiff fünfmal so weit entfernt wäre wie der Mond." [48]

Dieses Gerät könnte dann in etwa 21 Jahren Fotos vom Planeten Proxima b machen und in 4 Jahren zur Erde funken. Damit Juri Milner dies noch erlebt, müsste er mindestens 86 Jahre alt werden.

Exoplaneten

Proxima b soll seine Sonne in einem für das Leben günstigen Abstand umkreisen, so dass auf seiner Oberfläche flüssiges Wasser existiert.[49] Seit 2013 sind Werkzeuge der Astrophysik im Einsatz, um Planeten zu erkennen und am Lichtspektrum die chemische Beschaffung einer Atmosphäre zu bestimmen. Indizien für Exoplaneten hatten 1995 schon die Astronomen Michel Mayor (*1942) und

Didier Queloz (*1966) gefunden. Für die Entdeckung des Exoplaneten „51 Pegasi b" wurde ihnen sogar der Nobelpreis verliehen. Mit Hilfe des Kepler-Weltraumteleskops der NASA wurden bis heute schon mehr als 3000 Exoplaneten entdeckt. Natürlich wissen wir nicht, ob dort auch intelligentes Leben entstanden ist. Die Wahrscheinlichkeit dafür ist jedenfalls sehr groß. Dazu Avi Loeb:

„Die Milchstraße beherbergt zig Milliarden Planeten von der Größe der Erde mit ähnlichen Oberflächentemperaturen wie die unseres eigenen Planeten ... Wenn wir alle anderen Galaxien in der sichtbaren Ausdehnung des Universums hinzufügen, dann steigt die Zahl bewohnbarer Planeten auf eine Trilliarde oder 10^{21} an - eine Zahl, die größer ist als die Anzahl aller Sandkörner an allen Stränden der Erde." [50]

Mit der Erforschung von Exoplaneten beschäftigen sich immer mehr Forscherinnen bzw. Forscher. Schwierig ist allerdings weiterhin die Identifizierung der Technik intelligenter Kulturen. Während man die Ergebnisse biologischer Prozesse wie Methan und Sauerstoff durch Spektralanalysen erkennen kann, könnten technische Errungenschaften nur erkannt werden, wenn sie besonders hohe Emissionen - egal welcher Art - erzeugen. Radiosignale hat man bisher nicht entdecken können. Möglicherweise sind das Techniken, die auf einer eher unintelligenten Kommunikationstechnik aufbauen. Kulturen, die wesentlich älter als wir sind, könnten längst verschränkte Photonen oder Elektronen nutzen. Da sind wir bei der Entwicklung noch ganz am Anfang. Diese Quanten-Kommunikationstechnik könnte man voraussichtlich nicht abhören, aber auch nicht im interstellaren Raum entdecken.

Die Exoplaneten-Forscherin Prof. Lisa Kaltenegger (*1977, Cornell

University):

„Die Entdeckung jeglichen extraterrestrischen Lebens, egal welcher Art, wird unser Weltbild grundlegend verändern ... Ähnlich wie die kopernikanische Wende, nach der die Erde nicht mehr als Mittelpunkt des Universums angesehen wurde, wären die Menschen nicht mehr allein im Universum". [51]

Stephen Hawking hielt die Gefahren für die Erde (Klimawandel, Epidemien, Atomkrieg oder Probleme mit Künstlicher Intelligenz) für so unausweichlich und existenzbedrohend, dass er die Kolonisierung von Exoplaneten in den nächsten 100 Jahren für erforderlich gehalten hat. So ein Projekt wäre wahrscheinlich nur für wenige Menschen eine Perspektive. Schon jetzt haben einige Milliardäre wie Elon Musk (Tesla) und Jeff Benzos (Amazon) die Besiedelung anderer Planeten bzw. Monde als technologisches Ziel definiert. Für das Überleben der Menschheit als Ganzes ist das keine ernst zu nehmende Option. Wenn wir unsere Erde noch retten wollen, müssen wir uns anstrengen und können uns nicht darauf verlassen, dass die nächste Generation (Alpha) dieses Problem für uns löst.

Eine Besiedelung des Mars kann nicht einmal für eine kleine elitäre Gruppe eine Alternative zur Rettung der Erde sein. Die sehr dünne und staubige Atmosphäre enthält nur knapp 0,2 % Sauerstoff. Die mittlere Temperatur beträgt -55 °C. Der Mars besitzt kein globales Magnetfeld mehr und kann deshalb die kosmische Strahlung und die UV-Strahlung der Sonne nicht abschirmen. Für diese unwirtliche Gegend ist der Mensch nicht geboren.

Der Exoplanet Proxima b ist wahrscheinlich auch keine echte Alternative zur Erde, da der Zwergstern, um den er kreist, häufige Ausbrüche von UV-Licht und Röntgenstrahlung erzeugt. Neuerdings scheint es auch im nahegelegenen Doppelsternensystem Alpha Centauri einen erdähnlichen Planeten zu geben. Doch 4,3 Lichtjahre sind bislang eine Entfernung, die wir mit unserer heutigen Raketentechnik schwer überwinden könnten. An der Rettung der Erde geht deshalb kein Weg vorbei.

Der Algorithmus des Universums

Das Universum liefert uns Rätsel über Rätsel. Die Astrophysik hat in den letzten Jahrzehnten immer neue Phänomene entdeckt und versucht, diese mit den bisherigen Kenntnissen von der Wirkung der Gravitation und der Allgemeinen Relativitätstheorie in Einklang zu bringen. Dabei stehen der Physik einige Dogmen im Wege, um diese Rätsel zu lösen. Es ist nicht zu übersehen, dass das Universum ein dynamisches System ist, dessen Teile Energie und Informationen austauschen. Dieses System hat eine lange Wachstumsphase hinter sich, es entwickelt sich nicht nur quantitativ, sondern auch qualitativ weiter. Anstatt richtig hinzusehen, wollen wir unbedingt unsere starren mathematischen Modelle wiederentdecken und bestätigen.

Unsere 4-dimensionale Raumzeit ist plötzlich aus dem Nichts entstanden und hat sich in ultrakurzer Zeit unter Bildung von Materie aufgebläht. Das sieht allerdings danach aus, als wenn das Universum angeschaltet worden ist. Natürlich ist dann die Frage, was das

„Nichts" eigentlich ist, aus dem die neue Wirklichkeit entstanden ist, naheliegend. Es ist auch richtig, sich dann bei der Quantenphysik Hilfe zu holen, denn mit den Teleskopen der Astrophysik wird man keine Antwort finden können. Wohl aber mit den Teilchenbeschleunigern, die entdeckt haben, dass dort, wo wir nichts als Leere vermuten, sich eine eigenartige Welt auftut. Man hat dieses Nichts Vakuumfeld oder Null-Energie-Feld genannt. Der Feldbegriff der Physik ist hier eher unpassend. Die Hoffnung, man könnte ein Vakuumfeld hinsichtlich einer räumlichen Wirkung und einer Bewegungsdynamik beschreiben wie ein Magnet- oder Gravitationsfeld, ist mehr als optimistisch.

Was wissen wir bis heute darüber? Wir vermuten, dass sich dort noch keine Materie gebildet hat und wohl auch keine Zeit existiert. Dieses Feld soll fast unendlich viel Energie enthalten und beispielsweise über das sogenannte Higgs-Teilchen die Massewirkungen erzeugen. Durch Anregung dieses Feldes in Beschleunigeranlagen können viele Teilchen mit ihren Anti-Teilchen erzeugt werden. Dieses Feld ist wohl der Ursprung unserer materiellen Welt. Das Universum muss aus bzw. von diesem Quantenfeld erschaffen worden sein. Dieses Feld können wir genauso wenig berechnen und erklären wie die Schwarzen Löcher. Der Grund ist, dass wir als Wesen der Raumzeit, diese höher-dimensionierte Welt mit unseren Werkzeugen nicht erforschen können. Wir werden dann auch nicht abschließend erklären können, warum die Raumzeit mit unserem riesigen Universum erschaffen wurde. Wir können uns allerdings dazu Gedanken machen.

An Zufall ist dabei eigentlich nicht zu denken. Ich will einen Zufall aber nicht kategorisch ausschließen. Grundsätzlich könnte man auch annehmen, dass es viele Universen mit unterschiedlichen Naturgesetzen und Naturkonstanten gibt. Nur in einer ganz geringen Anzahl hätte sich eine vergleichbare Welt wie unsere entwickeln können. Der überwiegende Teil dieser Universen wäre voraussichtlich leer. Um zufällig auf ein Universum zu kommen, das auch Leben ermöglicht, bräuchte man eine Anzahl von etwa 10^{500} Universen[52]. Diese „Multiversum-Theorie" können wir genauso wenig beweisen, wie eine übermenschliche Intelligenz. Das bleibt deshalb eine Glaubensfrage.

Die Astrophysik erweckt den Eindruck, sie hätte ein mathematisches Modell zur Beschreibung des heutigen Universums. Dabei werden aber viele Kunstgriffe wie die Dunkle Energie und Materie angewandt, um zu kaschieren, dass nicht einmal unsere Gravitationsgesetze überall gelten. Wir verstehen dieses System möglicherweise auch deswegen nicht, weil wir kein System dahinter vermuten wollen. Wir akzeptieren nicht, dass sich darin vielleicht ein intelligenter Algorithmus verbirgt, der die Dynamik des Universums besser erklären würde als die Annahme einer zufälligen Verteilung von Energie. Unsere Physik lehnt erst recht Vorstellungen ab, wonach die einzelnen Wechselwirkungen zu Rückkopplungsprozessen führen könnten, die gewisse Speicherfähigkeiten voraussetzen würden. Dabei ist die Selbstorganisation von komplexen Systemen schon gut untersucht. Nicht-lineare Regeln könnten auch die Selbstähnlichkeit von Mustern in der Hintergrundstrahlung erklären.

In den späteren Kapiteln werde ich diese Kritik an dem heutigen kosmischen Modell hinsichtlich der Vorstellungen von Zeit, den

Dimensionen und den Informationsprozessen vertiefen. Im nächsten Kapitel behandele ich die heutigen Erkenntnisse zum Mikrokosmos. Auch hier lässt sich zeigen, dass wir unbedingt ein Umdenken in der Physik in Form eines Paradigmenwechsels benötigen, um die Wirklichkeit unserer Welt verstehen zu lernen.

Seltsamer Mikrokosmos

Wenn ich etwas über den Sinn des Lebens herausfinden möchte, dann muss ich mir auch die Frage beantworten können, was Leben im Unterschied zur angeblich „toten" Materie eigentlich ist. Eventuell können wir uns das Leben nur deshalb nicht erklären, weil wir das Rätsel der Materie noch nicht gelöst haben.

Die Gesetze der Materie sind scheinbar gut erforscht worden. Seit Einsteins Formel ($E = m \times c^2$) wissen wir, dass Materie nur eine Form von kosmischer Energie ist und Energie nicht neu geschaffen, sondern nur verwandelt werden kann. Materie ist kondensierte Energie und merkwürdigerweise ein Produkt, das aus einer Fläche der Lichtgeschwindigkeit entsteht. Es sieht damit so aus, als ob die durch Masse geteilte Energie dem Licht als Wellenform entspricht. Dies hätte auch bedeuten müssen, dass wir mathematisch und experimentell nach Wellen-Phänomenen schauen müssten. Mit Milliardenaufwand hat sich die Physik aber darauf konzentriert, nur Teilchen zu suchen und diese in einem „Standard-Modell" zu katalogisieren.

Das läuft dann so wie bei den Biologen, die Ähnliches mit Ähnlichem vergleichen und die Art bei einer Gattung, einer Familie, einer Ordnung, einer Klasse, einem Stamm und einem Reich zuordnen. Die Klassifikation soll in der Biologie auch die mögliche evolutionäre Entwicklung verdeutlichen. Aufgrund der Vielfalt an unterschiedlichen Lebewesen kann solch eine Sortierung Ordnung in das wahrgenommene Chaos bringen und möglicherweise Verbindungen transparent machen. Letztlich kommt man aber nicht daran vorbei, die einzelnen Beziehungen der Arten innerhalb eines Ökosystems zu studieren, um deren Rolle und Eigenart bestimmen zu können. Dabei geht es insbesondere darum, dass System als Ganzes zu verstehen, indem die Wechselbeziehungen in einem Modell der Raum- und Nahrungskonkurrenten untersucht werden. Möglicherweise lohnt es sich, diesen ganzheitlichen Anspruch auch in der Astrophysik und der Teilchenphysik anzulegen. Vielleicht gibt es in der unbelebten Natur ähnliche Prinzipien und Mechanismen wie die Konkurrenz und Kooperation (Symbiose) in der Natur. Die „Nahrung" der Materieteilchen ist Energie und der Antrieb sind die unterschiedlichen Kräfte.

Da c^2 (Lichtgeschwindigkeit zum Quadrat) im Vakuum eine Konstante ist, bedeutet eine größere Masse automatisch und proportional einen größeren Energieinhalt. Das kann im Übrigen sehr viel sein. Jedes Kilogramm enthält eine Energie von rund 24 Mrd. kWh. Könnte man ein Kilogramm vollständig in elektrische Energie umwandeln, würde man bei heutigen Preisen 6 Mrd. Euro dafür kassieren können.

Bei einer Kernfusion, bei der Wasserstoffatome zu Helium verschmolzen werden, entsteht theoretisch eine nutzbare Energie von „nur" 100 Mio. kWh pro Kilogramm Materie. Trotz Jahrzehnte langer Forschung ist es bislang nicht gelungen, eine positive Energiebilanz zu erhalten. Das internationale Fusions-Projekt ITER („International Thermonuclear Experimental Reactor") wird seit 2007 in Südfrankreich gebaut, soll ab 2025 erstmalig ein Wasserstoffplasma erzeugen und ab 2035 mit Tritium (radioaktiver Wasserstoff) laufen. Erst wenn diese Experimente erfolgreich abgeschlossen worden sind, soll ein Leistungsreaktor folgen. Dann hätten wir eine kleine Sonne auf unsere Erde geholt. Vor 2060 wird das wohl nicht passieren. Unklar ist auch, wieviel dieser Strom dann kosten würde. Als Klimaschutzmaßnahme käme dieser neue Reaktortyp sicher zu spät. In der Zwischenzeit müssen dann andere Energietechniken genutzt werden, die auf altem technologischem Wissen wie Windkraft, Solarenergie, Geothermie, Wasserkraft und Energiespeicherung aufbauen. Damit werden Ergebnisse aus der Grundlagenforschung angewandt, die schon ein paar Jahrzehnte alt sind.

Als die Physik vor 100 Jahren in eine Erkenntniskrise geraten war, kam die Quantenphysik. Die Anwendungen, die darauf beruhen, sind heute unübersehbar geworden. Heute befindet sich die Physik offensichtlich wieder im Krisenmodus, da sie die Gravitation falsch versteht und sich selbst theoretische Schranken angelegt hat. Ich glaube, dass dies wesentlich mit der Ablehnung einer mehrdimensionalen Wellenmathematik zusammenhängt, um die beobachteten Phänomene erklären zu können. Sehr wahrscheinlich stehen uns dabei auch unsere falsche Vorstellung von der Zeit im Wege und der gescheiterte Versuch, die Unendlichkeit herauszurechnen. Das Hauptproblem scheint mir, ist die Weigerung, zu erkennen, dass im Mikro- und Makrokosmos auch Informationsprozesse ablaufen.

Ohne einen Paradigmenwechsel wird die Physik nicht aus ihrer Krise herauskommen. Sie wird sich wohl von ihrem mechanistischen und materialistischen Weltbild verabschieden müssen, obwohl es bis heute gute Dienste erbracht hat. Die Quantenphysik hat diese Krise ausgelöst. Eine neue Physik der Information wird m.E. die nächste Entwicklungsstufe werden. Wie ich darauf komme, werde ich in den nächsten Abschnitten darstellen. Ich fange deshalb bei unserer Vorstellung von Materie an.

Wir leben in einer dreidimensionalen Welt, angefüllt mit Materie und einer sich in die Zukunft bewegenden Zeit. Darüber machen wir uns selten Gedanken. Aber das, was wir heute darüber wissen, ist mehr als seltsam.

Gehen wir von unseren eigenen Erfahrungen aus, so gewinnen wir den Eindruck, dass Materie etwas Festes und Unzerstörbares ist. Doch schon das Wissen vom atomaren Aufbau der Materie bringt unser Gefühl von der Wirklichkeit erheblich ins Wanken, denn Materie besteht im Wesentlichen aus leerem Raum.

Wenn ich durch unser Haus gehe und an eine Wand klopfe, dann erscheint mir diese sehr massiv zu sein. Noch deutlicher wird dies, wenn ich mit einer Schlagbohrmaschine ein Loch bohren muss, um ein Bild aufhängen zu können. Richtig anstrengend wird es, wenn Beton mit einem Presslufthammer bearbeitet werden muss.

Dann lernen wir in der Schule, dass Materie aus winzigen Atomen besteht. Dies haben schon einige griechische Philosophen um etwa 400 v. Chr. geahnt. Demokrit hatte beispielsweise in einem Gedankenspiel einen Gegenstand immer wieder geteilt und dann einen für uns nicht sichtbaren „unteilbaren" (atomos) Grundbaustein postuliert. Da man diese nicht sehen konnte, sind diese Ideen nicht weiterverfolgt worden.

Etwa 2200 Jahre später: Der Chemiker John Dalton (1766–1844) erkannte, dass sich Elemente nur in bestimmten ganzzahligen Verhältnissen miteinander zu Molekülen verbinden lassen. Er erklärte dieses Phänomen 1808 damit, dass die Elemente aus nicht teilbaren Einheiten bestehen würden, und griff für diese Teile den griechischen Begriff des Atoms wieder auf. Was ein Atom aber genau sein könnte, war natürlich noch nicht klar.

1911 hatte der Physiker Ernest Rutherford (1871–1937) eine dünne Goldfolie mit radioaktiven Alpha-Teilchen beschossen und dabei feststellen müssen, dass sich die Masse nur auf einen winzigen Teil des Atoms konzentriert.

Heute wissen wir, dass der Atomkern etwa 20.000 bis 150.000-mal kleiner ist als die Atomhülle und eine unglaubliche Dichte von 200 Billionen Tonnen pro m³ aufweist. Das ist eine 2 mit 14 Nullen. Diese wird in der Physik dann vereinfacht so geschrieben: 2×10^{14}.

Zur Erinnerung: Ein Kubikmeter Wasser wiegt eine Tonne und hat dementsprechend eine Dichte von 1 t pro m³. Eisen hat z.B. eine Dichte von rund 8 t pro m³ und würde deshalb im Wasser versinken. Um die Dichte eines Atomkerns zu erreichen, müsste man den Eiffelturm mit seiner Masse von 10.000 t in die Größe eines Sandkorns pressen. Die gesamte Masse eines menschlichen Körpers ließe sich beispielsweise in einem Raum konzentrieren, der nicht größer als ein Stückchen Fliegendreck wäre.

Da wir im normalen Leben Schwierigkeiten mit sehr großen und sehr kleinen Zahlen haben und uns dieses Thema im Bereich des Mikro- und Makrokosmos immer wieder begegnet, will ich hier mal ein Bild aus unserer Welt beschreiben. Jeder kennt einen 100-Euro-

Schein. 10 Scheine ergeben etwa 1 mm Höhe. 10.000 Scheine wären dann schon 1m hoch und hätten den Wert von 1 Mio. €. Mit etwas Anstrengung könnte ein Millionär diese Geldmenge noch in einem Koffer verstauen. Weltweit haben wir etwa 2300 Milliardäre. Jeff Bezos von Amazon soll sogar ein Vermögen von über 100 Mrd. Euro sein Eigen nennen. Eine Milliarde in 100-Euro-Scheinen hätte dann eine Höhe von einem Kilometer und eine Billion würde aufgetürmt eine Höhe von 1000 km beanspruchen. Ich gebe zu, dass diese Analogie auch nicht zu unserer Wahrnehmung von Wirklichkeit passt. Aber einen Versuch war es wert...

Wie können wir uns ein Atom in unserer Wirklichkeit veranschaulichen? Wenn ich eine Haselnuss mit einem Durchmesser von 1 cm als Atomkern nehme, dann wäre die äußerste Elektronenhülle in einer Entfernung von ungefähr 1000 m (= 100.000 cm) anzutreffen. Ein Atom besteht zu 99,9% aus leerem Raum und müsste eigentlich durchsichtig sein. Wie wir gelernt haben, kreisen elektrisch geladene Miniteilchen (Elektronen) je nach Energiezustand in unterschiedlichen Abständen um den Atomkern herum. In dem einfachsten Atom – dem Wasserstoff – haben wir nur ein Proton-Teilchen als Kernbaustein und ein Elektron in der Hülle. Das Elektron soll nun mit einer Geschwindigkeit von einem Hundertstel der absoluten Lichtgeschwindigkeit (im Vakuum gemessen) mit unvorstellbaren 2200 km/sec um den Kern flitzen. Das entspricht einer Geschwindigkeit von 792.000 km pro Stunde. Damit könnten wir 40-mal den Äquator in einer Stunde umrunden bzw. einmal in drei Minuten.

Ein Fahrzeug, das mit dieser Geschwindigkeit an uns vorbei rast, würden wir nicht sehen können. Auch eine Kugel, die mit einer Geschwindigkeit von 1 km/sec aus einem Gewehr abgefeuert wird, könnten wir nicht sehen. Der Hintergrund bliebe also vollkommen sichtbar.

In einem Atom fliegt ein Elektron aber nicht auf einer geraden Strecke, sondern wird durch die „schwache Wechselwirkung" in einem kugelförmigen Raum gehalten. Durch die Trägheit unserer Wahrnehmung erscheint dieser Raum als undurchsichtig und fest. Das Gehirn kann maximal 15 verschiedene Bilder bzw. Zustände pro Sekunde verarbeiten. Filme mit 30 Bildern pro Sekunde erscheinen deshalb als zusammenhängende Bilderfolge. Auf der Trägheit unserer Wahrnehmung bauen viele technische Errungenschaften auf. Trotzdem bleibt das Gefühl, dass Materie als etwas anderes erscheint, als es in Wirklichkeit ist.

Der Physiker Hans-Peter Dürr hat dieses Phänomen in seinem Buch „Es gibt keine Materie!" wie folgt beschrieben:

„ Der Tisch ist da! In Wahrheit ist der Tisch lebendig. Er hat eine Temperatur, er weist eine Hintergrundbewegung auf. Es gibt in ihm Atome und Moleküle, die sich in einer ungeheuren Lebendigkeit in alle Richtungen bewegen. Nur weil bestimmte physikalische Prozesse einen Mittelwert ergeben, bleibt der Tisch in vordergründiger Betrachtung der feste, anscheinend leblose Tisch. Aber dieses Konzept gerät immer mehr ins Wanken." [53]

Unsere Wissenschaft liebt es, alles zu vermessen und zu benennen. Da ist die Physik nicht anders unterwegs als die Botanik. Deshalb war beispielsweise die Messung der Größe eines Protons eine große

Herausforderung. In den letzten Jahren wurden immer neue Mess-methoden erfunden, um die Größe eines Proton-Teilchens zu messen. Dabei gab es immer wieder Abweichungen und manchmal auch wilde Spekulationen über ein neues Teilchen, um diese Abweichungen theoretisch zu erklären. Nun hat man sich offenbar auf einen Radius von 0,83 „Femtometer" geeinigt. [54]

Was können wir damit nun anfangen? Klar ist, dass ein Proton verdammt klein ist und deshalb für uns unsichtbar. Ein Blick in Wikipedia zeigt uns auch, was ein Femtometer genau ist, nämlich 1 x 10^{-15} m. Das sagt uns erst einmal wenig. Ein Millimeter können wir uns noch gerade vorstellen (1 x 10^{-3} m). Bei einem millionstel Millimeter (1 Nanometer = 1 x 10^{-9} m) hört unsere Vorstellungskraft auf jeden Fall schon auf. Ein Femtometer ist ein billionstel Millimeter und damit eine Größenordnung, in der nur die Teilchenphysik arbeitet. Also könnten wir 1 Billion Protonen zusammenlegen und damit knapp einen Millimeter ausfüllen. Was wir bei der Dichte erfahren mussten, zeigt sich jetzt auch bei der Größe bzw. Kleinheit eines Protons. Der Mikrokosmos hat tatsächlich Kleinst-Strukturen zu bieten, die unsere Vorstellungskraft mehr als überfordert.

Das ist aber noch nicht alles, was wir heute wissen. Zuerst mussten wir erfahren, dass ein Atom nicht das gesuchte „Unteilbare" ist und der Kern und die Elektronenhülle unterschieden werden müssen. Zumindest das Elektron und das Photon scheinen unteilbar zu sein. Die Bausteine des Atomkerns lassen sich aber offensichtlich noch weiter aufteilen.

Die Physik hat in den letzten Jahrzehnten das Atom immer weiter zerlegt. Um dies zu erreichen, mussten immer größere Anlagen gebaut werden. Was haben uns die riesigen Beschleunigeranlagen eigentlich an neuen Erkenntnissen gebracht? „Eine unendliche Vielzahl von teilweise sehr kurzlebigen Teilchen und verschiedene Theoriemodelle, um diese zu erklären", könnte man antworten. Zusammengefasst lassen sich folgende Erkenntnisse der Elementarteilchenphysik unterscheiden:

Materie erscheint als eine besondere Bewegungsform von Energie. Deshalb wird jedes Elementarteilchen nicht nur durch Masse, Ladung und Bewegung, sondern auch durch sogenannte Feldquanten definiert (Quantenfeldtheorie). Umgekehrt können Kräfte, die zwischen Körpern wirken, durch den Austausch von Teilchen erklärt werden. Die abstoßende Kraft zwischen zwei Elektronen wird z. B. durch den Austausch eines masselosen Photons bewirkt, das mit Lichtgeschwindigkeit und dadurch in Null-Zeit die Bewegungsrichtung vertauscht. Dies ist aber natürlich nur ein Modell, um sich die Abstoßung zu erklären.

Polarität: Ein leerer Raum, wie im klassischen Vakuum postuliert, ist in der Quantenfeldtheorie nicht mehr denkbar. Das Vakuum hat danach eine verborgene Struktur, die erst bei Störungen offenbar wird. So können aus dem Nichts Elektron-Positron-Paare entstehen und wieder vergehen. Im „Urfeld der Materie" ist also noch ein Gleichgewichtszustand vorhanden, so wie das TAO aus Ying und Yang besteht und damit die Einheit dieser Widersprüche bildet. Alle Teilchen besitzen also ein genaues Gegenteil.

Zeitlosigkeit des Mikrokosmos: Allgemein gilt, dass Naturgesetze auch bei Zeitumkehr wirken. Im Mikrokosmos herrscht von den mit Lichtgeschwindigkeit kommunizierenden Elementarteilchen aus gesehen sogar ein Zustand der Zeitlosigkeit, wenn man die Einstein'sche Relativitätstheorie anwendet. Ursache und Wirkung verlieren hier ihre Bedeutung.

Symmetrie der Elementarteilchen: Um die vielfältigen, uns bisher bekannten Formen der Materie zu beschreiben, reichen vier Grundkräfte (Gravitation, die elektromagnetische und schwache Kraft, die starke Wechselwirkung) und zwei Teilchenfamilien (Leptonen und Quarks) mit jeweils 6 verschiedenen Arten aus. Die Symmetrie deutet darauf hin, dass sich die Kräfte noch weiter vereinheitlichen lassen.

Einstein kam zu der Erkenntnis, „dass es bei der Beschreibung physikalischer Vorgänge weder auf die Ladungen noch auf die Partikel, sondern vielmehr auf das in dem Raum zwischen Ladungen und Partikel liegende Feld ankommt."

Die Materie ist also nur die Störung des vollkommenen Zustandes des Feldes an einer bestimmten Stelle, man möchte fast sagen, nur ein Schmutzeffekt. Das ist wohl auch der Grund dafür, dass es keine einfachen Gesetze gibt, welche die Kräfte zwischen Elementarteilchen beschreiben.

Während Einstein noch davon ausging, dass der größte Teil der Raumenergie in Form der Materie erscheint, kommen neue Forschungsergebnisse zu dem Ergebnis, das der größte Teil der kosmischen Energie dem leeren Raum zugeordnet werden muss. Ein Kubikzentimeter soll mehr Energie enthalten als die feste Materie im gesamten Universum! [55]

Die Erkenntnisinstrumente der Physik bauen im Wesentlichen auf elektromagnetischen Wellen auf. Die Lichtgeschwindigkeit ist dabei die entscheidende Grenze. Damit können wir nicht den Raum hinter dem Raum erforschen. Wir bleiben in unserer Raumzeit mit unserem Wissen stecken.

Einige Phänomene lassen sich eventuell mit den Methoden der Physik nicht erklären. Beispielsweise die merkwürdige Tatsache, dass die extrem rasch zerfallenden Teilchen das Normale sind. Die langsamer Zerfallenden und die ganz Stabilen stellen die Ausnahme dar. Dass wir selbst und unsere gesamte Welt existieren, das verdanken wir gerade den Ausnahmen, den stabilen Teilchen. Die Neutronen als Kernbausteine haben außerhalb z. B. nur eine Lebensdauer von einigen Minuten, die Protonen dagegen existieren durchschnittlich 10^{31} bis 10^{33} Jahre.

Vergleicht man dies mit dem geschätzten Alter des Weltalls von ca. 10^{10} Jahren, so scheint die Erhaltung der Materie zumindest von diesem Standpunkt aus für einen unvorstellbar langen Zeitraum als gesichert zu gelten. Aber auch die Lebensdauer der Protonen ist endlich.

Interessant ist in diesem Zusammenhang, dass sich die fundamentale Symmetrie zwischen Materie und Antimaterie nicht auch in der Lebensdauer dieser Teilchen ausdrückt. Wären in unserer Welt Teilchen und Antiteilchen in gleicher Anzahl und mit gleicher Lebensdauer vorhanden, wäre die Stabilität der Materie-Welt gefährdet. Die Gefahr, dass sich Materie und Antimaterie gegenseitig auslöschen, könnte nicht verhindert werden, da bisher keine Kraft bekannt ist, die bei Annäherung der Teilchen eine Umwandlung in reine Energie blockieren würde.

Die Quantenphysik ist ein schwer verständlicher Teil der Physik, aber einer mit großen praktischen Auswirkungen. Schätzungen gehen davon aus, dass etwa ein Drittel des Bruttoinlandsprodukts der USA auf Erfindungen beruht, die durch die Quantenphysik ermöglicht wurden: Z. B. Halbleiter, Laser und Kernspintomografie.

Die Quantenphysik hat aber auch die mechanistische Sichtweise der Naturwissenschaft revolutioniert. Die materielle Welt existiert nicht unabhängig von unserer geistigen Einstellung zu ihr. Es gibt Wechselwirkungen zwischen dem beobachteten Objekt und dem Beobachter. Die Wirklichkeit richtet sich also indirekt auch nach dem, der sie wahrnimmt. Damit wird die objektive Welt nur durch die subjektive Brille der Forscher beschreibbar. Die Quantenphysik gibt deshalb nur noch an, wie wahrscheinlich etwas geschieht. Dies unterscheidet sich aber von dem Zustand, in dem etwas unbeobachtet geschieht. Durch den Einfluss der Beobachtung (bzw. Messung) wird die Wirklichkeit verzerrt. Wir können also die wahre Wirklichkeit nicht messen, sondern nur postulieren, weil jede Messung in den Zustand eingreift und ihn verändert.

Die vier Grundkräfte des Universums

Die Physik scheint sich mit scheinbar völlig verschiedenen Themen zu beschäftigen. Mechanik, Wärmelehre, Optik, Elektrizität, Magnetismus, Atomphysik und Kernphysik sind Beispiele dafür. Aber schon der britische Physiker James Clerk Maxwell (1831-1879) konnte 1873 elektrische, magnetische und optische Erscheinungen der Physik in einheitlicher Weise beschreiben.

Nach heutiger Erkenntnis existieren vier fundamentale Kräfte, welche zwischen den Bausteinen der Materie wirken:

Gravitation

Die Gravitation ist aus dem Alltag als Schwerkraft bekannt, hält uns auf dem Boden unseres Heimatplaneten und ist für die großräumige Struktur des Universums sowie für die Verteilung der darin befindlichen Materie (Sterne und Galaxien) verantwortlich. Vor Einstein stellten wir uns vor, Materie würde sich gegenseitig anziehen. Einstein hat die Gravitationswirkung nun geometrisch begründet und als Folge der Krümmung der vier-dimensionalen „Raumzeit" beschrieben. Gravitation ist also eine scheinbare Kraft, die uns nur deswegen als Kraftwirkung erscheint, weil wir die vier-dimensionale Wirklichkeit nicht erkennen können.

Die von Newton gefundenen Gleichungen sind eine gute Annäherung an die Wirklichkeit gewesen und können für kleine Massen auf der Erde weiter genutzt werden. Mit der Idee der Raumzeit konnte Einstein die kosmischen Bewegungen im Universum genauer berechnen und sogar Objekte wie die Schwarzen Löcher postulieren, die man erst später gefunden hat. Nur weil man jetzt die Gravitationswirkung besser berechnen kann, weiß man aber immer noch nicht, was Gravitation eigentlich genau ist. Wir erleben die Gravitation als Beschleunigung von Materie innerhalb der sogenannten Raumzeit. Intuitiv ist das schwer zu verstehen, weil uns dafür das Vorstellungsvermögen fehlt. Masse krümmt nun die Raumzeit und erzeugt damit die Beschleunigung. Es könnte allerdings auch so sein, dass die Krümmung der Raumzeit den Masseneffekt verursacht. Nur was krümmt dann die Raumzeit?

Im Universum scheinen sich die Galaxien nur deshalb zu bewegen, weil sich der Raum durch den Urknalleffekt immer noch ausdehnt. Alle Objekte im Raum entfernen sich dann gleichmäßig voneinander. Die Bewegung von Planeten um eine Sonne wird dann nur mit der Raumkrümmung erklärt. Weiterhin gilt aber auch, dass die Gravitation an der Oberfläche am größten ist, aber im Mittelpunkt eines Körpers gleich Null. Erklärt wird das dann mit der atomaren Massenverteilung. Nicht gerade anschaulich.

Ich persönlich fand das Newton-Modell der Schwerkraft intuitiv und einfach zu verstehen. Die Krümmung der vierdimensionalen Raumzeit ist dann doch eine Überforderung unseres Verstandes. Es scheint Menschen zu geben, die damit keine Probleme haben. So berichtet der Physiker Robert A. Muller von seinem Schwager, dem Mathematiker Bill Thurston:

„Er erklärte mir, er beherrsche tatsächlich die Fähigkeit, in vier Dimensionen zu denken. Das mochten ihm die wenigsten Menschen glauben, bis er eine lange Reihe großartiger Theoreme aufstellte, die er seinen eigenen Behauptungen zufolge einfach dadurch entdeckt hatte, dass er im Geist Oberflächen im vierdimensionalen Raum betrachtet hatte.“ [56]

Bei der Bewegung von Elektronen um einen Atomkern reicht die Gravitation oder Raumkrümmung als Modell zur Erklärung nicht mehr aus. Schade. Im Mikrokosmos kommen deshalb noch drei weitere Kräfte hinzu.

Elektromagnetische Kraft

Elektromagnetische Wechselwirkungen sind ebenfalls aus dem Alltag bekannt. Sie spielen bei molekularen und atomaren Abständen die entscheidende Rolle. So lassen sich unter Zuhilfenahme der Quantentheorie nahezu sämtliche Phänomene der Atom- und Molekülphysik sowie der Chemie auf sie zurückführen.

Schwache Kernkraft

Die schwache Kernkraft verursacht die radioaktiven Zerfälle und ist bedeutsam für die Prozesse, die sich im Innern der Sonne abspielen.

Starke Kernkraft

Die starke Kernkraft wirkt nur im Atomkern. Dennoch ist sie entscheidend für unsere Existenz, denn sie überwindet die gewaltigen elektrischen Abstoßungskräfte, die aufgrund gleicher Ladungen zwischen den Protonen im Atomkern wirken. Sie hält die Kernbausteine zusammen.

Die Kraftfelder der Atomkerne wirken nur innerhalb der Kerne selbst. Die Kraft, die hier herrschen muss, lässt sich aber erahnen: Sie liegt ungefähr bei einer Größe von 15 Tonnen und wirkt in einem Raum von höchstens 10^{-13} cm, also der Größe eines Protons.

Die Kernkräfte sind um mehr als eine Billion Mal stärker als die elektrische Anziehungskraft, die z. B. ein Proton und ein Elektron in einem Wasserstoffatom aneinanderbindet.

Die letzten drei Kräfte sind bereits durch quantenphysikalische Formeln auf einen gemeinsamen Ursprung zurückgeführt worden. Die Vereinheitlichung mit der Gravitation ist theoretisch aber noch nicht gelungen.

Wenn wir die bekannten physikalischen Kräfte anschauen, dann ist immer sogleich eines besonders aufgefallen: Die Wirkung nimmt mit dem Quadrat der Entfernung ab. Was kann der Sinn dieser Regel sein? Den Sinn kann ich erkennen, wenn ich mir klar mache, dass jede Kraft einen besonderen Raum beherrscht und sich nicht nur in der Kraftwirkung, sondern auch in der Reichweite und Funktion ausdrückt. Dadurch entstehen voneinander abgetrennte Gestaltungsräume. Die Physik geht davon aus, dass sich alle Kräfte kurz nach dem Urknall aus der starken Kernkraft abgespalten haben. Zuerst soll die Gravitation und dann die „elektroschwache Kraft" entstanden sein, die sich dann später noch einmal teilten.

Erinnern wir uns an den Tao-Te-King:

„Das Eins erzeugt die Zwei.
Die Zwei erzeugt die Drei.
Die Drei erzeugt alle Dinge".

Die stärkste Kraft hat die geringste und die schwächste Kraft die größte Reichweite. Das Seltsame ist, dass das Produkt aus Kraft und Reichweite bei beiden offenbar gleich groß ist. Neben der Tatsache, dass die Kräfte im Quadrat der Entfernung abnehmen, ist dies ein weiteres Indiz dafür, dass es einen gemeinsamen Ursprung gibt.

Das Standardmodell der Teilchenphysik

Bis auf die Gravitation konnten alle Grundkräfte im sogenannten

Standardmodell durch die „Quantenfeldtheorie" verbunden werden. Das ist schon allein ein riesiger Erfolg der theoretischen Physik gewesen. Leider werden hier auch sehr exotische Teilchen aus den Teilchenbeschleunigern eingefügt, obwohl diese nach ultrakurzer Zeit wieder zerfallen. Man erhofft sich, dass man mit diesem Modell auch die Situation kurz nach dem Urknall erklären kann. Da sich die Gravitation bisher nicht in das Modell einfügt, weil sie offenbar nicht in quantisierter Form auftritt, hat das Modell diese Hoffnung nicht erfüllt, aber die Wirklichkeit der Materie vielleicht unnötig kompliziert gemacht.

Das „Standardmodell" der Teilchenphysik kennt insgesamt 17 Bausteine. Davon werden 12 als Materie-Teilchen angesehen. 4 Teilchen dienen der Kraftübertragung. Man kann auch noch alle sehr kurzlebigen Teilchen dazu zählen. Dann wird es unübersichtlich. Der Nobelpreisträger Murray Gell-Mann kam schon 1994 auf eine Zahl von 61 Teilchen. [57]

Das wichtigste Teilchen ist wohl das sogenannte „Higgs-Teilchen" oder „Higgs-Feld", das allen Teilchen die Eigenschaft „Masse" verleiht. Mit diesem Teilchen wird allerdings unsere Vorstellung von der Masse wieder einmal stark strapaziert. Das Higgs-Teilchen soll nur wenig Masse besitzen, aber beispielsweise den Protonen und Elektronen ihre Masse-Eigenschaften übertragen. Das scheint aber nicht das Wichtigste zu sein. Der CERN-Physiker Rolf Landua (*1954) schreibt:

„Ein Elektron hier auf der Erde ist identisch mit allen anderen Elektronen im Universum. Woher aber ‚weiß' das ein neuproduziertes Elementarteilchen? Die Antwort ist: vom Higgs-Feld." [58]

Das Mysteriöse an diesem Teilchen ist, dass es in ultrakurzer Zeit in Teilchen und Antiteilchen zerfällt, die sich gegenseitig vernichten und die Eigenschaften des Vakuum-Feldes bzw. Nullenergiefeldes übernehmen. Das Higgs erscheint eigentlich nur für einen Augenblick in der materiellen Welt, um dieser Informationen zu übermitteln und ist dann wieder weg. Ein Bote aus einer anderen Dimension, der das Masseverhalten aller Elementarteilchen verursacht? Eine schwierige Vorstellung. Das Standardmodell der Teilchenphysik ist damit allerdings noch nicht zu Ende erklärt. Wir haben ja noch die ominösen „Quarks".

Als Materie-Bausteine gelten 6 Quarks, die durch die starke Kernkraft zusammengehalten werden und z.B. Protonen und Neutronen bilden. Auf die Idee der Quarks ist man eigentlich nur gekommen, weil Protonen und Neutronen eine innere Struktur besitzen. Quarks lassen sich außerhalb der Teilchen allerdings nicht beobachten und isolieren. Damit sind es keine realen, sondern hypothetische Teilchen, um sich beispielsweise den Unterscheid zwischen Protonen und Neutronen zu erklären. Damit entgeht man dem Problem, dass es sich hier eigentlich um Wellenphänomene handelt, für die noch keine geeignete mathematische Beschreibung existiert.

Dann gibt es noch 3 geladene „Leptonen" wie die Elektronen, die mit elektromagnetischen Kräften bewegt werden und 3 ungeladene Leptonen (verschiedene Neutrino-Arten), die der schwachen Kernkraft unterliegen. Dieser Teilchenzoo ist besonders durch die Teilchenbeschleuniger entdeckt worden, d.h. auch durch die Simulation von Ereignissen nahe dem Urknall.

Im Grunde reichen eigentlich drei Materie-Teilchen aus, um unsere heutige materielle Welt zu beschreiben: Das Up- und das Down-Quark und die Elektronen. Für die Kraftübertragung werden zusätzlich auch Teilchen verantwortlich gemacht. Photonen übertragen die elektromagnetischen Kräfte. „Gluonen" sollen im Kern die starke Kernkraft erzeugen.

Das Standardmodell ist im Wesentlichen in den Jahren 1961 bis 1973 entstanden und hat sich als Modell grundsätzlich bewährt. Mittlerweile ist allerdings klar, dass es weder die Gravitation noch die Dunkle Materie beschreiben kann und deshalb nur einen sehr kleinen Teil unserer Wirklichkeit richtig erklärt. Offensichtlich liegt das auch daran, dass man die Welt weiterhin in Form von Teilchen erklären möchte und den Wellencharakter der Materie ignoriert. Bis heute sind die Erkenntnisse der Quantenphysik nicht in die Teilchen-Modelle eingeflossen. Seit 50 Jahren herrscht Stillstand in der Modellpflege.

Es kommt noch schlimmer. Mit dem Standardmodell kann man gerade einmal 4 % der Materie im Universum beschreiben und dies auch nur, weil man viele mathematische Tricks anwendet, um die Symmetrien zu erreichen und die Ergebnisse den Messungen anzupassen. Mit diesen Kunststücken wird verhindert, dass sich die Wechselwirkungen nicht ändern dürfen, wenn man eine lokale Größe gewählt hat. Dieses mathematische Konzept geht auf Hermann Weyl (1885 – 1955) zurück und wird Eichfeldtheorie genannt. Außerdem wird noch eine 200 Jahre alte „Lagrange-Funktion" eingefügt, damit es passt. Der bekannte Wissenschaftshistoriker Ernst Peter Fischer beschreibt diesen Sachverhalt zurückhaltend so:

„Wissen sollte man, dass den Vertretern des Standardmodells eine Menge Schräubchen (freie Parameter) zur Verfügung stehen, an denen sie drehen können, um die Vorhersagen passend zu machen. Modelle sind zwar so, aber einen Standard stellt man sich anders vor.“ [59]

Es gibt jetzt auch Stimmen, die sich von der Vorstellung verabschiedet haben, die Gravitationskraft könnte je als Quantengravitation beschreibbar sein. Beispielsweise ist der Physiker Antoine Tilloy (Max-Planck-Institut Garching) der Meinung, dass man eine vereinheitlichte Theorie nicht braucht, weil die Gravitation nur bei extrem massiven Objekten eine Rolle spielen würde.[60]

Die Physiker ignorieren weiterhin, dass die Materie nur ein energetischer Schwingungszustand ist und einer mindestens dreidimensionalen spezifischen Welle gleicht. Anstatt zu versuchen, die mehrdimensionale Welt mit eindimensionalen Werkzeugen und Formeln zu beschreiben, sollte man zu einer höheren Mathematik greifen, um Wellen und Informationsprozesse beobachten und messen zu können. Wann kommt der Gauß des 21. Jahrhunderts, der uns diesen Weg weist?

Doch ich will nicht ungerecht sein. Die Physik hat uns vor Augen geführt, dass unsere Wahrnehmung der materiellen Welt eine Illusion ist, die mit unserem trägen Gehirn zu erklären ist. Unsere Welt besteht aus reiner schwingender Energie. Auch wenn wir bisher den Schwingungscode nur auf der eindimensionalen Ebene geknackt haben, können wir sehen, dass das Universum aus wenigen Elementen aufgebaut und beschreibbar ist. Darüber hinaus können wir mit unseren Atommodellen die Bindungseigenschaften bis zu komplexen Kohlenstoffmolekülen berechnen.

Konstante Lichtgeschwindigkeit

Ein großes Thema der Wissenschaft war neben dem eigentlichen Charakter des Lichts dessen Geschwindigkeit. Schon der Universalgelehrte Galileo Galilei (1564-1642) versuchte Anfang des 17. Jahrhunderts die Lichtgeschwindigkeit zu messen. Dies gelang ihm aber nicht. 1675 schaffte es dann der dänische Astronom Ole Römer. Seine Messung lag allerdings um 30 % unter dem wirklichen Wert. Heute wissen wir, dass die Lichtgeschwindigkeit knapp 300.000 km pro Sekunde im Vakuum beträgt.

Nach Newton müsste sich die gemessene Lichtgeschwindigkeit eigentlich verändern, je nachdem ob sich die Lichtquelle auf den Beobachter zu oder von ihm wegbewegt. Das ist aber seltsamerweise - beispielsweise im Unterschied zum Schall - nicht der Fall, wie der Physiker Albert Michelson (1852-1931) durch jahreszeitlich unterschiedliche Messungen 1887 am Sonnenlicht feststellte. Ob sich die Erde von der Sonne wegbewegte oder sich auf diese zubewegte, hatte keine Auswirkungen auf die gemessene Lichtgeschwindigkeit.

Albert Einstein hat deshalb postuliert, dass sich nichts schneller als Licht bewegen kann und die Lichtgeschwindigkeit im Vakuum immer konstant ist. Diese Feststellung wurde auch die entscheidende Grundlage für die Relativitätstheorie, die erst viele Jahre später bewiesen werden konnte. Fortan galten 299.790 Kilometer pro Sekunde als die „kosmische Höchstgeschwindigkeit".

Bislang schien sich dieses Limit zu bestätigen. Doch seit einigen Jahren deuten Experimente darauf hin, dass unter bestimmten Umständen eine Überschreitung der Lichtgeschwindigkeit möglich ist. Das hätte weitreichende Folgen für unser Weltbild.

US-Forscher haben beispielsweise ein Experiment entwickelt, bei dem sie Licht schneller als mit der Vakuumlichtgeschwindigkeit durch eine Versuchskammer senden. Das Team um Lijun Wang vom NEC-Forschungsinstitut in Princeton nutzte dabei den Wellencharakter des Lichts und die Tatsache, dass sich Lichtwellen in Materie mit einer anderen Geschwindigkeit ausbreiten als im Vakuum. Wie die Wissenschaftler im Fachjournal „Nature" berichteten, schickten sie einen Lichtpuls bestimmter Form durch eine sechs Zentimeter lange, mit Cäsium-Gas gefüllte Kammer. Da die Lichtwellen verschiedener Frequenz, aus denen sich der Puls zusammensetzte, in dem Cäsium-Gas unterschiedlich schnell vorwärtskamen, verschob sich dabei der Puls ein wenig weiter, sodass das Signal die sechs Zentimeter lange Strecke der Cäsium-Kammer schneller durchlief als die entsprechende Strecke im Vakuum. Es schien so, als sei der Puls am hinteren Ende der Kammer herausgekommen, bevor er vorne eingetreten war.

Die Wissenschaftler betonen in ihrer Veröffentlichung, dass es sich dabei um ein Wellenphänomen handelt, das nicht im Widerspruch zu Albert Einsteins Relativitätstheorie steht. Damit würde lediglich eine Aussage über die „zulässige Höchstgeschwindigkeit" von Informationsübertragung gemacht.

Es wurden aber auch Teilchen postuliert, die sich schneller als das Licht bewegen würden. Man hat sie „Tachyonen" genannt. Die Relativitätstheorie von Einstein würde diese Teilchen nicht verbieten. Damit entsteht dann theoretisch etwas Merkwürdiges, auf das Robert A. Muller hinweist:

„Wenn die Geschwindigkeit eines Tachyons jenseits der Lichtgeschwindigkeit immer größer wird und sich schließlich der Unendlichkeit nähert, nimmt die Energie ab!" „ [61]

Könnte man mit diesen Teilchen Informationen übertragen, dann wären auch Informationen aus der Vergangenheit möglich, bevor sie dort stattgefunden haben. Dann könnten auch Ursache und Wirkung vertauscht werden. Es würde dann keinen freien Willen mehr geben. Aus diesem Grund hat Robert A. Muller die Existenz dieses Teilchen ausgeschlossen.

Trotzdem darf man damit Gedankenspiele betreiben. Mit Tachyonen ließe sich nämlich jenseits der Lichtgeschwindigkeit eine eigene Welt gestalten. Diese Welt könnte in unsere Welt nicht eindringen, da die Energie von Tachyonen, deren Geschwindigkeit sich der Lichtgeschwindigkeit von oben nähern, bis ins Unendliche wachsen würde. Diese Grenze könnten diese Teilchen genauso wenig überwinden wie unsere Materieteilchen, die sich in ihrer Geschwindigkeit der Lichtgeschwindigkeit von unten nur annähern können. Der Nachweis von Tachyonen könnte damit gleichbedeutend sein mit einem Beweis, dass das Jenseits existiert.

Die seltsamen Eigenschaften des Lichts

Ohne Licht gebe es nur Dunkelheit. Ohne Licht gebe es kein Leben, da das Leben abhängig ist vom Funktionieren der Photosynthese in den Pflanzen. Die Beschaffenheit des Lichts war deshalb schon immer ein besonderes Thema der Physik.

Am Anfang stand die eher geometrische Untersuchung der Ausbreitung von Lichtstrahlen und deren Ablenkung an der Grenze von lichtdurchlässigen Substanzen wie Glas und Flüssigkeiten. Obwohl man mit dem Strahlenmodell viele Eigenschaften des Lichts wie Beugung, Interferenz, Polarisation und Streuung nicht erklären konnte, ist der Nutzen durch die technische Optik unbestreitbar.

Durch die Experimente der Physiker Michael Faraday (1791-1867) und James Clerk Maxwell (1831-1879) wissen wir außerdem, dass Licht eine sichtbare elektromagnetische Welle ist und dazu auch die für uns unsichtbaren Infrarot- und Ultraviolettanteile, die Röntgenstrahlen, die Radio- und Mikrowellen und die radioaktiven Gammastrahlen gehören, die sich nur durch ihre unterschiedlichen Wellenlängen unterscheiden. Je kleiner die Wellenlänge ist, umso größer ist die Energie, die diese Welle transportieren kann und umso höher die Frequenz, in der diese schwingt. Das Produkt aus Wellenlänge und Frequenz ist immer gleich und entspricht der Lichtgeschwindigkeit.

Schon hier können wir erkennen, dass Energie, Zeit und Lichtgeschwindigkeit eine Einheit bilden. Zeit ist nämlich die Voraussetzung für Bewegung und Veränderung. Nach der Relativitätstheorie von Einstein vergeht keine Zeit, wenn wir uns mit Lichtgeschwindigkeit bewegen könnten. Wenn keine Zeit existiert, könnte keine Energie entstehen, weil sich keine elektromagnetische Welle aufbauen kann. Schwingungen kann es nur geben, wenn Zeit vergeht. Ansonsten würden sie sich ständig gegenseitig auslöschen.

Tatsächlich gibt es dieses „Null-Punkt-Energie-Feld", in dem Teilchen und Anti-Teilchen noch verschmolzen sind. In unseren Teilchenbeschleunigern können wir dieses Feld dazu bringen, Teilchen aus dem Nichts zu erzeugen. Da positiv und negativ geladene Teilchen immer gleichzeitig erzeugt werden, muss man diese sofort trennen, da sie sonst wieder verschmelzen.

Hier zeigt sich aber auch, dass wir einen Raum beobachten können, in dem keine Zeit vergeht und Energie und Materie nur als Potenzial auftritt. Ich gehe später auf dieses Phänomen im Zusammenhang mit den Quanteneffekten noch genauer ein. Hier will ich aber schon einmal festhalten, dass es eine Wirklichkeit ohne Zeit und messbare Energie innerhalb unserer Raumzeit gibt und damit Wechselwirkungen erzeugt werden können. Das hat nichts mit Esoterik, sondern ausschließlich mit Quantenphysik zu tun.

Elektromagnetische Wellen und damit auch das sichtbare Licht dienen der Energieübertragung. Wir wissen heute, dass auch Materie nichts anderes als Energie ist. Seit Albert Einstein (1879-1955) können wir den Energiegehalt der Materiemasse errechnen, indem wir ihn mit der Lichtgeschwindigkeit zum Quadrat multiplizieren ($E = m \times c^2$). Einstein hatte diese Formel 1905 entdeckt. Es ist wohl die bekannteste Formel der Physik. Aber haben wir deshalb auch verstanden, was sie wirklich bedeutet?

Nach der Einstein'schen Formel enthält eine 1 Euro-Münze mit 7 g Gewicht eine Energiemenge von 6×10^{14} Joule (1 Joule entspricht 1 Wattsekunde - damit kann man eine Tafel Schokolade 1 m hochheben). Wenn wir die gesamte Masse in Energie umwandeln könnten, dann würden 60 Münzen reichen, um den Energietagesbedarf der Bundesrepublik Deutschland zu decken.[62]

Unsere Sonne erzeugt ihre Wärme durch Verschmelzung von Wasserstoffatomen zu Helium (Kernfusion). In jeder Sekunde werden dort 4 Mio. t Masse zu Energie umgewandelt.

Das ist schon erstaunlich, dass Masse so viel Energie besitzt und wir diese Kraft nicht direkt erkennen können. Wie ist Einstein aber darauf gekommen, dass der Umrechnungsfaktor das Quadrat der Lichtgeschwindigkeit ist? Wie soll man sich eine 2-dimensionale Fläche aus Licht von einer Größe von 900 Mrd. km² vorstellen, die sich jede Sekunde verdoppelt? Was ist das für eine Energieform, die sich so verhält und sich so stark verwandeln kann? Man kann ahnen, dass hier die Wellenform des Lichts gemeint ist. Dabei wäre diese eigentlich nur über ein drei-dimensionales Modell beschreibbar und mit Meereswellen vergleichbar.

Wie will man aber einen dynamischen Wellenkörper mathematisch beschreiben? Wie bei den Meereswellen versuchen wir dies durch eine Reduzierung der Dimensionen. Anstatt den Körper zu beschreiben, berechnen wir eine zwei-dimensionale Schnittfläche. Beim Licht reduzieren wir die Dimensionen beim Messen sogar noch weiter. Der eindimensionale Lichtstrahl erscheint dann als Wirkung einzelner Photonenteilchen. Das ist so, als wenn ich einen Fluss kanalisiere und dann am Ende eines Rohres die Strömung messe. Dann messe ich nicht mehr die nicht-lineare Komplexität eines mäandernden Wasserkörpers, sondern mein geschaffenes lineares Modell, das mit dem ursprünglichen Forschungsgegenstand wenig gemein hat. Das Wesen des Lichts als elektromagnetische Welle ist sein dynamischer Wellencharakter. Die gemessenen Teilchen sind dann das Ergebnis meiner Erwartungen und Messmethoden.

Darüber müsste man sich eigentlich nicht wundern.

Was ist das für eine Kraft, die im Licht verborgen ist? Um dieser Antwort etwas näher zu kommen, will ich noch auf eine wichtige Formel verweisen, die Max Planck (1858-1947) entdeckt hat. Planck hatte sich mit der Aussendung von Licht beispielsweise bei der Verbrennung von Kohle beschäftigt. Er erkannte, dass die Farbveränderungen winzige Frequenz-Sprünge aufwiesen und diese Lichtenergie nach einer einfachen Formel berechenbar ist. Danach ist die ausgesendete Energie ein Produkt aus der Frequenz und einer Konstante, die das „Planck'sche Wirkungsquantum" genannt wurde. Man geht deshalb davon aus, dass die Elektronenbahnen um einen Atomkern räumlich definiert sind, so dass die bei Quantensprüngen ausgestrahlte Energie in festen Paketgrößen erscheinen.

Da auch Planck den Energiegehalt mit seiner Formel berechnen konnte, kann die Formel Einsteins damit verknüpft werden, um die Eigenschaft der Masse besser zu beschreiben. Die Masse eines Stoffes ergibt sich dann aus dem Produkt seiner Frequenz und der Planck'schen Konstante geteilt durch das Quadrat der Lichtgeschwindigkeit ($m = hv/c^2$).[63]

Diese Formel bedeutet etwas Erstaunliches. Masse besitzt danach eine Wellenform, die sich als Schwingung mit einer spezifischen Frequenz ausdrücken lässt.

Wir konnten schon aufgrund des Atommodells ahnen, dass Materie eigentlich nichts Festes ist, sondern uns aufgrund unserer trägen Wahrnehmung nur als solches erscheint. Jetzt wissen wir, dass

Atome und Atomteilchen energetischen Schwingungsmustern gleichen und die materielle Welt eine Art kosmisches Musikstück darstellt. Das klingt nun aber sehr nach Esoterik, könnte man sagen. Ja, sage ich, aber nun können wir die wunderbar einfache Mathematik dahinter bewundern!

Wir wissen jetzt, dass Materie nur eine Form der elektromagnetischen Kraft und ein Ergebnis einer Schwingung in der Zeit ist. Warum gibt es dann kein Wellen-Modell, sondern nur ein Teilchen-Modell für den Aufbau der Welt? Warum „klebt" die Physik immer noch an ihren Teilchen und gibt viel Geld für Teilchenbeschleuniger aus, wenn die Welt doch augenscheinlich über modulierte elektromagnetische Wellen zusammengehalten wird. Um diese Frage zu beantworten, wende ich mich einer „Tragik-Komödie der Physik" zu, die die anhaltende Unfähigkeit zu einem echten Paradigmenwechsel beschreibt.

Der Wellen- und Teilchencharakter des Lichts wurde schon 1807 nach den Doppelspaltexperimenten von Thomas Young (1773-1829) ein Thema. Young zeigte damit, dass sich Licht wie eine Welle verhält und ein typisches Interferenzmuster erscheint, weil sich Wellenberge und -täler gegenseitig auslöschen. Trotzdem messen wir am Schluss Photonen-Teilchen. Ist das Licht also gleichzeitig Welle und Teilchen? Der Versuch funktionierte auch mit Elektronen und sogar mit Molekülen aus mehr als 800 Atomen[64]. Einige Forscher befürchteten sogar, dass unsere Erwartungen und die Art der Messung dieses Paradoxon erzeugen. Bis heute ist die Diskussion über die Interpretation dieses Versuchs noch nicht abgeschlossen. Selbst Stephen Hawking (1942-2018) hat sich dazu nicht eindeutig geäußert. Am Schluss seines Bestsellers „Eine kurze Geschichte der Zeit" wird er nachdenklich:

„Das unvorhersagbare Zufallselement kommt nur dann ins Spiel, wenn wir versuchen, die Welle in Hinblick auf die Positionen und Geschwindigkeiten der Teilchen zu interpretieren. Aber vielleicht ist das unser Fehler: Vielleicht gibt es keine Teilchenpositionen und -geschwindigkeiten, sondern nur Wellen." [65]

Dann brauchen wir eine physikalische Wellentheorie und keine Teilchenmodelle, die uns in die falsche Richtung treiben. Meiner Meinung nach stehen wir hier vor einem Grundproblem unseres linear arbeitenden Verstandes und einem Dimensionsproblem.

Naturwissenschaftliches Denken beruht auf der Analyse von logischen Ursache-Wirkungsketten. Interessanterweise kommen Physiker und Physikerinnen immer dann auf neue Denk-Modelle, wenn sie intuitiv und ganzheitlich an ein Problem herangehen. Diese Mehrdimensionalität lässt sich aber nicht in Formeln ausdrücken und publizieren. Es findet dann eine Vereinfachung durch eine „Dimensionsreduzierung" statt, um unseren Verstand einzubinden. Dann bilden wir aber nicht mehr die Wirklichkeit ab, sondern nur unsere Art, sie zu verstehen.

Die Physik belegt, dass unser Verstand und der Glaube an die Mathematisierbarkeit natürlicher Phänomene zu Modellen geführt hat, die die Welt falsch beschreiben. Unser Verstand hat uns weit gebracht. Wir müssen aber erkennen, dass die Welt komplexer und dimensionsreicher ist und wir durch Reduktion zu falschen Modellen über die Wirklichkeit gekommen sind. Es zeigt sich, dass wir deshalb den Wellencharakter des Lichts, die Zeit und die Informationsprozesse in der Natur falsch deuten.

Die Wissenschaft war und ist ein Instrument der Verallgemeinerung und Vereinfachung von Naturphänomenen und dem Versuch, logische Ursache-Wirkungsketten zu erkennen. Diese Denktradition hat uns viele erstaunliche Erkenntnisse und Anwendungsbereiche geschenkt. Häufig haben wir dabei der Natur mit Hilfe von Experimenten nur Fragen gestellt, die in unser augenblickliches Weltbild passten. Dabei haben wir Licht im wesentlichen als elektromagnetische Welle oder als Photonenstrom gesehen und gemessen. Licht enthält allerdings nicht nur Energie, sondern offensichtlich auch Information. Und das scheint die eigentliche Qualität des Lichts zu sein, die noch wenig erforscht ist. Kimberly Arcand und Megan Watzke haben dies in ihrem schönen Buch „Licht – Mehr als wir sehen" angedeutet:

„Jede Lichtsorte kann aufgrund ihrer Eigenschaften andere erstaunliche Dinge bewirken. Wenn das allein schon beeindruckend ist, können spannende Entdeckungen und Technologien manchmal nur dann zustande kommen, wenn die einzelnen Lichtarten kombiniert werden." [66]

Das Periodensystem der Elemente

Das „Periodensystem der Elemente" erschien dem Chemiker Dmitri Mendelejew (1834-1907) in Sankt Petersburg 1869 im Traum. Einige Medien sprechen noch heute von der „göttlichsten Grafik aller Zeiten". 2019 wurde deshalb von der UNESCO zum „Internationalen Jahr des Periodensystems" gekürt. Interessant ist, dass parallel dazu auch andere Forscher daran arbeiteten, um Ordnung in die vielen damals schon bekannten Elemente zu bringen. Beispielsweise hatte Lothar Meyer schon 1864 in Breslau ein Periodensystem mit 28 Elementen in 6 Gruppen entwickelt. Als Vorbild galt das Oktavsystem der Musik.

Mendelejew soll übrigens mit 63 Element-Karten eine Patience gelegt haben, bevor er einschlief und im Traum das Ergebnis präsentiert bekam. Möglicherweise sind alle großen Erkenntnisse nicht das Ergebnis von akribischer Verstandesarbeit, sondern von Träumen und intuitiven Erlebnissen. Auch der dänische Physiker Niels Bohr (1885-1962) soll sein Atommodell - wie Einstein die Relativitätstheorie - im Traum gesehen haben.

Träume sind oft unpräzise und geheimnisvoll. Wenn die Erkenntnisse vom Verstand zusammengefasst werden, entsteht ein Bewertungs- und Filterprozess. Mendelejew hat viele damals noch unbekannte Elemente mit seinem Ordnungssystem voraussagen können. Die Edelgase hatten in seiner Ordnung allerdings noch keinen Platz.

Erst viele Jahre später wurde dieses Ordnungssystem durch die Kenntnis der Kernstruktur der Atome erklärt. Leider hat man auch alle selbst erzeugten künstlichen instabilen Elemente in das System eingefügt, so dass heute 118 Elemente aufgeführt werden. Außerdem passen einige Elemente nicht von ihren Eigenschaften an die Stelle, die durch die Ordnungszahl (Anzahl der Protonen) vorgegeben ist.

Die Astrophysik geht heute davon aus, dass der Urknall nur Wasserstoff, Helium und etwas Lithium mit den Ordnungszahlen 1 bis

3 erzeugt hat. Die Elemente 4 (Beryllium) und 5 (Bor) sollen per Kernspaltung durch kosmische Strahlung entstanden sein. Die nachfolgenden Elemente sollen durch sterbende oder explodierende Sterne und ab der Ordnungszahl 41 auch durch verschmelzende Neutronensterne gebildet worden sein.[67] Neutronensterne entstehen, wenn ein großer Stern in einer Supernova explodiert und der Kern des Aschehaufens unter seiner eigenen Schwerkraft zusammenstürzt. Dabei können Neutronensterne das Zweifache der Masse unserer Sonne wiegen, aber nur einen Durchmesser von etwa 20 Kilometern haben. Wenn Neutronensterne verschmelzen, senden Sie einen minutenlangen hellen Blitz aus. Dieser konnte erstmalig am 17. August 2017 in der Galaxie NGC 4993 weltweit beobachtet werden.

Möglicherweise würde die Ordnungsstruktur der Elemente noch klarer in Erscheinung treten, wenn die Quantenphysik Wellenmodelle von den Atomen beschreiben könnte. Bislang konnte man sich allerdings von der Fixierung auf Teilchen nicht lösen, obwohl die Quantenphysik seit 50 Jahren erkannt hat, dass die „Dualität von Welle und Teilchen" ein menschliches Konstrukt ist und das dahinterstehende Dimensionsproblem offenbart. Selbst Stephen Hawking hat die Zweifel an dieser Sicht nie überwunden, aber genügend Hinweise hinterlassen, dass er das Wellenmodell für das ursprüngliche gehalten hat.

Warum werden bis heute keine alternativen Modelle zum Aufbau der Materie geprüft? Es gibt viele Vorschläge und mathematische Systeme, die in den Wissenschaftsbibliotheken verstauben und die man aus heutiger Sicht überprüfen sollte.

Beispielsweise hat der amerikanische Universalgelehrte Walter Russell (1871 – 1963) einen anderen Erklärungsansatz für die Elemente geliefert. Russel hatte die unterschiedlichen Formen der Materie mit der unterschiedlichen Verdichtung von Licht im Laufe einer „Verstofflichung" des energetischen Potenzials gedeutet. Danach nimmt die Kraft des Elementes bis zum Kohlenstoff (in der Mitte des Periodensystems) zu, um dann abzunehmen. Radioaktive Elemente werden dann damit erklärt, dass sie zu schwach seien, um ihre Struktur langfristig aufrecht zu erhalten. Das Gesamtsystem von Russell ist in 9 Oktaven aufgeteilt. Kohlenstoff, Stickstoff und Sauerstoff befinden sich in der 5. Oktave und begründen die organische Chemie. Das Leben ist also ein Ergebnis der höchsten Verdichtung von Licht bzw. Energie in den Elementen. Die verschiedenen Formen der Materie sind nach Russell nur verschiedene Formen des Alterungsprozesses des Lichts.

Leider besitzen wir noch keine Messgeräte, um die Kraft einzelner Elemente zu messen und zu vergleichen. Wir müssten dann den Verdichtungsgrad der Lichtenergie in den einzelnen Elementen bestimmen können, um das Russell-Modell verifizieren zu können. Vielleicht haben wir längst im Umkreis unserer Teilchenbeschleuniger eine Methode entdeckt, ohne sie für diese Aufgabe anzuwenden? Erst wenn die Physik den Sprung zur „Wellenphysik" schafft, werden wir hier weiterkommen. Solange werden die Russell-Theorien eher der Esoterik zugeordnet, obwohl sie die Natur der Dinge besser beschreiben als unser Teilchen-Standard-Modell.

Doch schon das Standard-Modell der Physik über den Aufbau der

Atome und der chemischen Elemente macht eines klar: Die materielle Welt weist eine innere Struktur auf, die wie geplant erscheint. Wir erkennen hier mathematische Regeln des Kosmos, die vergleichbar sind mit unseren Harmoniegesetzen der Musik. Offensichtlich haben Menschen die kosmischen Harmonien intuitiv erfahren und in ihrer Musik verfeinert.

Die Oktavstruktur der Materie und unserer Musik kann kein Zufall sein. Die Schwingungsform der Elemente können wir bislang nicht bewerten, weil wir dafür wahrscheinlich kein Wahrnehmungsorgan besitzen. Möglicherweise schwingen die unterschiedlichen Atome in einer Art Raumzeitwelle wie ein stabiles Soliton, das auch nach einem Zusammenstoß mit einem anderen Wellenpaket seine Form beibehält. Das ließe sich mit zwei-dimensionalen Darstellungen wie Frequenz und Wellenlänge nicht adäquat darstellen. Atome sind als Ganzes betrachtet wahrscheinlich ein Ergebnis des Zusammenspiels von harmonischen und disharmonischen Schwingungszuständen. Wie bei uns hängt davon entscheidend die Bindungsfähigkeit ab. Ausnahmen bilden in der materiellen Welt die Edelgase, die keine Bindungen eingehen können (und sich selbst genug sind…) und die instabilen radioaktiven Elemente, die sich nach dem statistischen Gesetz der Halbwertszeit in andere Elemente aufspalten.

Interessant wäre es, zu unterscheiden, ob es auch menschliche Persönlichkeiten gibt, die sich vergleichbar verhalten. Vielleicht sind Multipersönlichkeiten das Ergebnis eines Spaltungsprozesses wie bei der Radioaktivität. Vielleicht sind autistische Persönlichkeiten so auf sich bezogen und vollständig wie Edelgase. Walter Russel hat ein universales Bindungsprinzip beschrieben, das für Atome und auch menschliche Persönlichkeiten gelten könnte. Wenn wir im Grunde unserer Persönlichkeit „Lichtwesen" sind, weil wir auch aus materiellen Lichtteilchen zusammengesetzt sind, dann gelten möglicherweise tatsächlich die gleichen Regeln – nur in einem noch komplexeren System als auf der Ebene der atomaren Elemente.

Wenn man dabei von einem nicht-linearen Solitonen-Wellen-Modell ausgehen würde, kann man erahnen, wie schwierig es ist, das Verhalten eines so komplexen Systems zu berechnen. Selbst wenn man sich nur die Bindungsfähigkeit zum Thema nimmt, muss man bei Menschen in Bezug auf eine Verhaltensprognose verzweifeln, da hier nicht nur die Persönlichkeit, sondern auch das kulturelle Umfeld und natürlich das Alter in die Bewertung einbezogen werden müssen. Eine Gleichung wie „Natrium verbindet sich mit Chlor zu Kochsalz" werden wir bei den Menschen zum Glück nicht aufstellen können. Natürlich tun Partnerbörsen so, als hätten sie dafür eine Formel gefunden. Aber das ist natürlich ein Märchen, das immer gerne erzählt wird…

Der Urknall, die Naturkonstanten und der strukturierte Aufbau der Materie können als Hinweis darauf gedeutet werden, dass die Welt ein Ergebnis eines Programms ist. Natürlich wäre das mit Sicherheit kein lineares Programm, das keine Abweichungen zuließe und ein fixes Ergebnis liefern würde. Die Physik geht davon aus, dass am Anfang eindeutige Regeln und Ressourcen festgelegt und dann zufällige Abweichungen möglich wurden. Also ein Schöpfungsprozess mit Überraschungseffekt.

Möglicherweise läuft dieses Programm parallel ab, um sinnvolle und interessante Ergebnisse erzielen zu können. Es könnte aber auch schon mehrmals hintereinander abgelaufen sein. Wenn der Homo sapiens auch ein Ergebnis dieses nicht-linearen Prozesses war (und davon ist auszugehen), dann ist die Wahrscheinlichkeit seines Auftauchens sicher sehr gering gewesen.

Wohl nicht geplant – aber vielleicht erhofft? Ein kosmischer Programmierer hätte sich dann eigentlich die schwer kalkulierbare Evolutionsgeschichte sparen können und den Menschen gleich „nach seinem Ebenbilde" erschaffen können. Wie die polnischen Programmierer von „Cyberpunk 2077", die den Matrix-Darsteller Keanu Reeves als Rocker-Figur eingebaut haben.

Danach sieht es in der Tat in unserer Welt nicht aus. Die bisher bekannte Evolutionsgeschichte kann nicht so gedeutet werden, dass alles in Richtung Homo sapiens laufen sollte. Der heutige Mensch mit seinen machtvollen Entscheidungen zu Lasten des irdischen Öko-Systems sieht eher nach einem Unfall aus. Bis heute wissen wir nicht mit Sicherheit, warum und wie er die anderen Homo-Arten im Sinne von „es kann nur einen geben" verdrängt hat.

Eines können wir aber mit Gewissheit feststellen: Nicht nur die Entwicklung der Materie gehorcht bestimmten Regeln, sondern auch die Entwicklung des Lebens. Die Entdeckung des genetischen Codes, der die Entwicklung von Pflanzen, Tieren und des Menschen ermöglicht, war eine Sensation. Die Vielfalt des Lebens ist das Ergebnis einer verhältnismäßig einfachen Programmierung aus nur vier Bausteinen, die sich paarweise verbinden. Damit können wir die Entwicklung einzelner Arten nachzeichnen und jedes Individuum eindeutig identifizieren.

Damit haben wir noch nicht verstanden, was Bewusstsein ist und wie die Antriebskräfte zu erklären sind. Wir können uns die äußere Hülle und die biologisch aktiven Organe erklären, aber nicht den Rest. Es gibt also noch viel zu tun, um uns den Menschen zu erklären. Zumindest wissen wir jetzt, dass wir grundsätzlich aus den gleichen Bausteinen bestehen wie alle lebenden Systeme und unsere biologische Natur einem Programmcode folgt.

Die Sprache der Natur ist nun nicht so einfach wie unsere digitale Sprachkultur im Bereich der Computerprogrammierung. Beim genetischen Code haben wir eine erweiterte Programmiersprache mit 4 Variablen gefunden. Wir sehen, welche komplexen Formen und Funktionen damit programmiert werden können. Beim Kopieren dieser Anweisungen sind aber anscheinend auch „Fehler" bzw. Abweichungen möglich. Hier kommen also chaotische, unvorhersehbare Veränderungen hinzu, die das Leben ausmacht. Entweder wurde hier unsauber programmiert oder Abweichungsmöglichkeiten sind Teil des Programms.

Wenn die Programme keine Fehler machen könnten, hätten wir nur Klone aber keine Entwicklung und Anpassung. Wir hätten keine einzigartigen Individuen in der Tier- und Pflanzenwelt, sondern nur beliebig austauschbare identische Bausteine. In der Natur finden wir deshalb viele so genannte nicht-lineare Regeln, in denen der „Zufall" als Entscheidungsträger mitwirkt. Der Nachteil für den Schöpfer dieser nicht-linearen Regeln ist, dass seine Geschöpfe nicht immer gleich aussehen und sich wohl auch nicht gleich verhalten. Die Ähnlichkeit kann aber mit einer gewissen mathematischen Genauigkeit vorhergesagt werden. Die Bandbreite zwischen Chaos und Ordnung ist also festlegbar.

Dieses Prinzip gilt in vielen Bereichen der Natur und unseres Kosmos. Die Regeln, nach denen die Welt funktioniert, müssen nicht immer akribisch befolgt werden. Es gibt unterschiedlich große Freiheitsgrade. Die Elektronen eines Atoms z. B. müssen sich in bestimmten energetisch festgelegten Räumen um den Atomkern herum aufhalten. Sie dürfen auch mal zwischen den einzelnen Räumen hin und her springen, wenn sie zusätzliche Energie aufnehmen oder abgeben. Aber zwischen diesen Räumen haben sie offenbar nichts zu suchen. Dieses Phänomen hat die Quantenmechanik hervorragend beschrieben. Aber wie diese Regeln von den einzelnen Teilchen verstanden und umgesetzt werden, hat man noch nicht erklären können. Die Teilchen sind darüber informiert, wo sie sich aufhalten können und wo sie sich nicht aufhalten dürfen, aber wo diese Information herkommt, gespeichert ist, bleibt unklar. Sie könnte Bestandteil der Teilchen sein aber auch von außen kommen.

Die „Schönheit" der Struktur

Die mathematische „Schönheit" aller Gesetze könnte ein wichtiger Beleg für die Schaffung durch einen planenden Geist sein. Auch die Symmetrien bei den Elementarteilchen weisen möglicherweise darauf hin. Der Physiker Werner Heisenberg (1901 – 1976) vermutete, dass die Symmetrien zum Wesen der natürlichen Welt gehören und durch Zweiteilungen entstanden sind:

„Man könnte sich im Idealfall denken, dass alle wirklichen Symmetrien der Natur durch eine Folge von Zweiteilungen zustande gekommen

sind. " [68]

Die Physikerin Sabine Hossenfelder (*1976) hat 2018 ein Buch veröffentlicht, um zu belegen, dass die „Suche nach Schönheit die Physik in die Sackgasse führt". In einem Vortrag in der Uni Stuttgart
(29.04.2019) hat sie ebenfalls ihre Thesen vorgetragen. Dabei zeigt
sie, dass viele wissenschaftliche Theorien versuchen, einfach, natürlich und elegant zu sein, oft aber nicht funktionieren. Hingegen
gäbe es einige „hässliche" Theorien wie die Quantenmechanik, die
elliptischen Orbits und die Urknalltheorie, die die Realität richtig
wiedergeben. Sabine Hossenfelder ist der Meinung, dass die seit
etwa 50 Jahren während „Stagnation" in der Physik, mit diesen ide-
alisierten Zielsetzungen und den eingeengten Methoden zusammenhängt. Da ist sicher etwas dran. Auf die eigentlichen Denkprobleme
geht sie nicht ein. Die Konzentration auf die Teilchenforschung
statt auf eine neue Wellenphysik kritisiert sie nur am Rande. Das
Dilemma der Physik wird trotzdem deutlich. Die Physik wird ge-
trieben von unbegründeten Erwartungen, die sie mit großen An-
strengungen erfüllen will. Dabei werden viele Natur-Phänomene ignoriert, weil sie nicht ins Konzept passen.

Das große Ziel der Vereinheitlichung spielt immer noch eine her-
ausragende Rolle. Unsere Physiker sind sich sicher, dass die uns bekannten physikalischen Kräfte auf eine Urkraft zurückzuführen
sind. Wir haben zwar diese kosmische Urkraft noch nicht mithilfe
einer mathematischen Formel beschreiben können, aber das ist wohl
nur noch eine Frage der Zeit. Alle uns bekannten Kräfte verhalten
sich in Bezug auf ihre Wirkung umgekehrt proportional zum Quadrat der Entfernung. Dies ist der deutlichste Hinweis darauf, dass es

einen gemeinsamen Ursprung dieser Kräfte gibt.

Die Vereinheitlichung der elektromagnetischen und der starken und schwachen Kernkraft ist in den 70er Jahren bereits den Physikern Weinberg, Salam und Glashow gelungen. Sie haben entdeckt, dass diese Kräfte durch Austausch von so genannten Botenteilchen („Bosonen") wirken. Bisher ist aber noch nicht klar, ob auch die Gravitation nach dem gleichen Prinzip funktioniert. Die Botenteilchen, die diese Anziehungskraft ermöglichen, sind in den Beschleunigeranlagen noch nicht beobachtet worden.

Der Grund liegt möglicherweise darin, dass die Gravitation ihren Ursprung außerhalb unserer Raumzeit hat und vielleicht nur eine geometrische Wirkung eines von uns nicht wahrnehmbaren 5-dimensionalen Raumes darstellt. Gravitation ist aber auch an Materie und Energie gebunden, die wir mit Hilfe von quantenphysikalischen Gesetzmäßigkeiten beschreiben können. Das Ziel ist die Vereinigung von Relativitätstheorie und Quantentheorie.

Die Naturwissenschaften stecken in einer intellektuellen Krise und können unsere Welt immer weniger erklären. Zur Rettung werden neue Mythen und Dogmen erfunden. Es zeigt sich, dass die Trennung von Energie und Information, Materie und Geist, Zeit und Zeitlosigkeit, Endlichkeit und Unendlichkeit, Glaube und Wissenschaft, Zufall und Schöpfung immer schwieriger wird.

Materie entsteht durch Energiezusammenballung und verwandelt sich ständig. Ein wesentliches Prinzip ist dabei die Polarisierung. Sie ist die Voraussetzung dafür, dass Materie zerstört werden kann. Sie ist aber auch das Resultat der Erzeugung von Materie aus Energie.

Das Feld selbst befindet sich anscheinend noch in nicht polarem Zustand. Eine Trennung dieser Einheit erfolgt erst durch die Geburt der Materie. Dabei entstehen Teilchen und Antiteilchen immer gleichzeitig. Diese Teilchen haben die bemerkenswerte Eigenschaft, dass sie durch Anregung des Vakuumfeldes durch ein äußeres Kraftfeld in beliebiger Zahl erzeugt werden können.

Dies ist ein ähnlicher Vorgang wie die Zellteilung, dann allerdings auf einem anderen Organisationsniveau. Die Existenz von Teilchen und Antiteilchen ist aber nur von kurzer Dauer, wenn man sie nicht voneinander trennt. Die meisten Elementarteilchen in den Beschleunigeranlagen haben nur ein kurzes Leben. Manchmal nur einen quadrillionsten Teil einer Sekunde (10^{-24}), in der das Licht gerade mal eine Entfernung von 30 Zentimetern zurücklegen kann.

Wenn Materie- und Antimaterieteilchen zusammentreffen, verwandeln sie sich blitzartig in Photonen, in Teilchen der elektromagnetischen Wellen, wozu Licht-, Röntgen- und Gammastrahlen gehören.

Seit Langem ist die Physik davon überzeugt, dass auch der umgekehrte Vorgang funktioniert: die Erschaffung von Materie direkt aus realen Photonen. Das ist 1997 erstmals einem Forscherteam am Teilchenforschungszentrum SLAC in Palo Alto bei San Francisco gelungen. Die Forscher haben Photonen so heftig miteinander kollidieren lassen, dass dabei Materie und Antimaterie in Form von Elektronen und Positronen (das sind die Antiteilchen der Elektronen) entstanden.[44]

Dies bedeutet, dass das Licht und das Vakuumfeld vergleichbare Eigenschaften besitzen. Selbst in unserer Raumzeitwelt scheint das

Licht in sich selbst noch eine Einheit von Materie und Antimaterie zu sein. Das passt eigentlich nicht in diese materielle Welt und bedeutet, dass es eine direkte Verbindung zur Energie und Information des sogenannten Vakuumfeldes gibt. Möglicherweise besteht dieses Feld ausschließlich aus freien materielosen Photonen, die mit der absoluten Lichtgeschwindigkeit unterwegs sind. Aus Sicht dieser Photonen würde keine Zeit existieren. Diese Wellenpakete aus Licht würden aber das gesamte Potenzial unserer materiellen Welt in nicht polarer Form in sich tragen. Damit hätte die Quantenphysik tatsächlich in ihren Experimenten bestätigt, dass es eine Welt des Jenseits gibt, von der viele Menschen in ihren „Erleuchtungserlebnisse" seit Anfang der Existenz des Homo sapiens berichteten und auf die viele Religionen zurückzuführen sind. Es gibt Hinweise darauf, dass ein Teil unserer Persönlichkeit einen Wellencharakter besitzt und als „Lichtwesen" auch den Tod seines Körpers überlebt. Auf dieses Thema gehe ich im dritten Teil meiner Trilogie zum Sinn des Ganzen näher ein („Die spirituelle Evolution des Menschen"). Hier zeigt sich, dass der eigentliche Kern des Menschen nicht von dieser Welt ist, aber sich möglicherweise über Gefühle wie Intuition, Liebe und Gewissen bemerkbar macht.

Quantenphysiker erklären uns die Welt heute vollkommen anders als wir es bisher gelernt haben, sie zu sehen. Erst durch unsere Beobachtung von physikalischen Phänomenen entsteht unser Bild der Wirklichkeit. Die Wirklichkeit und das Bild davon sind zwei völlig verschiedene Dinge. Ich verwechsele auch nicht ein Foto mit der Wirklichkeit. In der Quantenwelt entsteht durch die menschliche Beobachtung aber etwas Vergleichbares. In Wirklichkeit ist z. B. ein

Elektron kein Teilchen, sondern der Ausdruck einer Welle ohne klaren Orts- und Zeitbezug. Da wir Wesen der Raumzeit sind und ein Elektron messen wollen, können wir dies nur, indem wir das Wellenwesen in unsere Raumzeit „ziehen". Dadurch wird es für uns als Teilchen darstell- und messbar. Damit haben wir das Wesen des Elektrons aber dimensionsbezogen reduziert. Wir haben nur eine wahrscheinliche Möglichkeit abgebildet.

Die Quantenphysik ist sich der Grenzen der menschlichen Wahrnehmung von Wirklichkeit bewusst geworden. Wir sehen die Welt nicht, wie sie ist, sondern nur, wie wir sie sehen wollen und können. Wahrnehmung ist also kein passiver Prozess, sondern selbst ein schöpferischer Akt. Damit hat die Wissenschaft ihren Anspruch auf neutrale Objektivität aufgeben müssen. Wir sehen das, was wir glauben, sehen zu können und was wir glauben, mit unserem Verstand verstehen zu können. Der Verstand kann mit komplexen Vorgängen allerdings nichts anfangen. Die Logik verlangt nach der Erkennung widerspruchsfreier Muster und möglichst von einfachen Ursache-Wirkungs-Mechanismen. Der Astrophysiker David Lindley (*1956) beschreibt das Dilemma, in dem wir uns heute befinden:

„Nach klassischer Vorstellung hat alles, was geschieht, eine unmittelbare Ursache. In der Quantenmechanik besitzt diese altbewährte, scheinbar offenkundige Regel keine Gültigkeit mehr." [69]

Die Quantenphysik hat die spirituelle und wissenschaftliche Welt wieder näher zueinander gebracht. Der Dialog zwischen Glauben und Wissenschaft ist Möglichkeit geworden, aber leider hat er noch nicht ernsthaft begonnen. Beide Seiten haben dabei etwas zu verlieren, aber auch etwas zu gewinnen.

Wir haben gesehen, dass verschiedene Programme bzw. Gesetze existieren, die unsere Welt und uns selbst in unseren Entwicklungsmöglichkeiten festlegen. Wir gehen davon aus, dass diese Regeln vom Beginn der Zeit bzw. des Urknalls existieren.

Wir nennen diese Regeln Naturgesetze, Naturkonstanten, genetischen Code und Periodensystem der Elemente und versuchen uns ein Bild über den Gesamtzusammenhang zu machen. Dazu haben wir eine Reihe von Modellen wie z. B. die Relativitätstheorie, die Quantenmechanik und die Evolutionslehre entwickelt, um uns die Welt zu erklären.

Damit hätten wir aber immer noch keinen blassen Schimmer davon, wohin die Reise wirklich geht und welcher Sinn damit verfolgt wird. Unsere Naturwissenschaft wehrt sich immer noch dagegen, hinter allem einen sinnvollen Zweck zu vermuten. Das würde ja bedeuten, dass sich das Ganze irgendjemand ausgedacht hat.

Ohne sinnvolle Regeln könnte unsere Welt nicht existieren. Dass die Regeln, die wir mittlerweile kennen, einen Sinn ergeben, kann zumindest niemand ernsthaft bezweifeln. Welche Ziele mit den Regeln verbunden sein könnten, ist eine ebenso interessante Frage wie die nach dem Urheber. Auch ist die Frage nach den damit verbundenen Freiheitsgraden wichtig. Handelt es sich generell um festgelegte Gesetzmäßigkeiten, die keine Veränderungen erlauben, oder werden vielleicht nur Wahrscheinlichkeiten also bestimmte Bandbreiten vorgegeben, in denen Abweichungen möglich sind?

Schon das Alte Testament zitiert „Am Anfang war das Wort". Dies könnte heute so ausgelegt werden, dass die Welt durch eine spezifische Sprache in Form von Programmcodes entstand. Programme enthalten Informationen, die an bestimmte Adressaten gerichtet sind, um deren Verhalten zu steuern.

Quantenphysikalische Phänomene

Verschränkung

Verschränkte Teilchen können über große Entfernungen hinweg miteinander kommunizieren. Die beiden Teilchen verhalten sich wie eins, obwohl sie räumlich voneinander getrennt sein können.

Die Verschränkung gehört zu den am meisten diskutierten Konsequenzen der Quantenmechanik. Einstein nannte sie die „spukhafte Fernwirkung".[70]

In Experimenten konnten beispielsweise zwei verschränkte Atome erzeugt und bei einem davon ein Elektron in eine von zwei möglichen Bahnen bugsiert werden. Daraufhin springt das entsprechende Elektron des Partneratoms in Echtzeit auf die jeweils andere Bahn. Mit einem Sack solcher Atome wäre es möglich, Nachrichten zu codieren. Mit jedem Atom-Paar ließe sich die Information null oder eins übertragen. Niemand außer dem Besitzer des zweiten Atoms könnte die Botschaft empfangen.[71]

Der österreichische Quantenphysiker Anton Zeilinger (*1945) hat schon 2004 die mögliche Nutzung der Verschränkung und Quantenverschlüsselung durch eine Geldüberweisung in Österreich in Echtzeit demonstriert.[72]

Die Forscher sehen in der Quantenverschränkung einen Meilenstein auf dem Weg zum Quantencomputer. Die spannende Frage, wie das möglich ist, stellt sich die Wissenschaft im Augenblick lieber noch nicht. Es gibt offensichtlich ein Informationsmedium, das unabhängig von unserer Raumzeit funktioniert. Es könnte also sein, dass alle Atome des Kosmos miteinander kommunizieren oder Informationen über ihre Aufgaben erhalten.

Theoretisch könnten die Physiker aber auch eine Fähigkeit der Materie entdeckt haben, die gar nicht genutzt wird. Dies ist aber nicht sehr wahrscheinlich. Wenn hier aber Informationen ausgetauscht werden, dann ist natürlich die Frage zu beantworten, wie beweise ich das. Ich müsste „verschränkte" Teilchen erkennen können und sie beim Empfang von Informationen oder einer echten Kommunikation „belauschen". Was ist aber, wenn das „Zwillingsteilchen" irgendwo im All in einer Art Parallelwelt seinen Dienst tut? Dann wird man diesen Effekt nicht beobachten können. Theoretisch kann jede Zustandsänderung eines Atoms auf solche Prozesse zurückzuführen sein. Die Gründe kennen wir nicht.

Hier tut sich im wahrsten Sinne des Wortes eine neue Dimension für die Physik auf. Die Physik hat hier anscheinend den Geist in der Materie neu entdeckt und ist auf Informationsprozesse gestoßen, die wir vielleicht bald nutzen werden, ohne sie zu verstehen. Wahrscheinlich können wir dann in Echtzeit große Mengen an Daten unabhängig von der Entfernung transportieren und die Computer weltweit optimal vernetzen. Der Energieaufwand wäre wahrscheinlich gering, da nur Atome angeregt werden müssten und keine nutzlose Wärme, wie bei unseren Computern entstünde. Die Welt würden wir dann immer noch nicht verstehen, aber das hat der Entwicklung noch nie geschadet.

Vielleicht erkennen wir aber auch bald, dass wir mit allem um uns herum Informationen austauschen, ohne es zu merken. Information kann prinzipiell über jedes Medium transportiert werden. Es ist nicht an die Materie, an die Zeit und an Energie gebunden. Es ist eine eigenständige Existenzform, die bislang noch wenig untersucht wurde. Um die Information zu verstehen, muss man die Sprache kennen, in der diese Information verschlüsselt vorliegt, also den Code „knacken". Information bewirkt etwas wie eine physikalische Kraft. Wenn sie verstanden wird, kann sie eine unbedingte Reaktion auslösen. Von außen ist aber nicht zu erkennen, worin die Ursache liegt. Man muss schon den Empfänger und Sender kennen, um den Zusammenhang zu sehen. Das ist uns im Mikrokosmos noch nicht geglückt. Es gibt aber Beispiele aus unserer Umwelt, wo wir vergleichbare Prozesse vermuten können.

Der Tunneleffekt

Der Tunneleffekt ist ein Phänomen ohne Vergleich in der Alltagswelt. Im Mikrokosmos können Elektronen oder Photonen eine ihnen in den Weg gestellte Barriere auf mysteriöse Weise durchdringen. Anstatt die Barriere zu übersteigen, können sie diese „durchtunneln". Dies ist eine Art der Fortbewegung ohne Rücksicht auf die Begrenzung durch Raum und Zeit. Dieses Phänomen zeigt uns, dass im Mikrokosmos andere Gesetze gelten. Auch wenn dieses Phänomen wie eine exotische Fußnote der höheren Physik anmutet, hat es die Technik schon lange für sich entdeckt - etwa in der Tunneldiode oder dem Tunnelmikroskop.

Der Physiker Günter Nimtz (*1936) hat mithilfe des Tunneleffekts Informationen der besonderen Art übermittelt. Aus Spaß hat er Mozarts 40. Sinfonie übertragen. Dabei stellte er fest, dass das Signal die Barriere mit 4,2-facher Lichtgeschwindigkeit überwand.

Auf merkwürdige Phänomene stieß auch ein Forscherteam der Universität Berkeley in Kalifornien, als es Licht (Photonen) durch einen Tunnel schickte. Dabei beschossen die Physiker einen Spezialkristall mit einem ultrakurzen Laserstrahl, damit sich dieser in zwei Zwillingspulse teile. Dann ließen sie beide Pulse auf verschiedenen Wegen „um die Wette" laufen. Es deutet vieles darauf hin, dass die Photonen mit 1,7-facher Lichtgeschwindigkeit durch den Spiegel gereist sind, stellte der US-Physiker Aephraim Steinberg fest. Die Ergebnisse der Forscher in Köln und Kalifornien lösten unter den Experten heftige Debatten aus. Einige sind der Ansicht, dass nun das physikalische Weltbild grundlegend revidiert werden muss. „Wenn man Signale mit vierfacher Lichtgeschwindigkeit und schneller senden kann - und soweit ich es sehe, handelt es sich dabei um echte Signale - dann müsste man die Fundamente der Relativitätstheorie überarbeiten", sagte Tony Bracken, Mathematiker an der University of Queensland in Brisbane/Australien. [73]

Wenn der menschliche Geist auf subatomarer Ebene seine Entsprechungen hat, dann können auch dort Informationen außerhalb von Raum und Zeit übertragen werden. Vieles deutet darauf hin, dass ein Teil unserer eigenen Geisteswelt in diesen subatomaren Bereich hineinwirkt. Mit Überlichtgeschwindigkeit könnten dann auch Informationen aus der Zukunft transportiert werden. Das Hauptproblem ist dabei die Übersetzung in die begrenzte Welt des Verstandes. Es gibt aber viele Hinweise darauf, dass einige Menschen diese Prozesse bewusst wahrnehmen konnten. Das deutlichste Beispiel ist Leonardo da Vinci. Nur so kann erklärt werden, dass er viele Erfindungen aus der Zukunft in die Möglichkeiten seiner Gegenwart übersetzt hat.

Beobachtung verändert die Wirklichkeit

Die Quantenphysik hat gezeigt, dass wir bislang eine falsche Vorstellung von der Welt des Mikrokosmos hatten. Hier sind nämlich eher typische geistige Prozesse am Werk. Es geht um Informationen und Wahrscheinlichkeiten. Eine wesentliche Erkenntnis der Quantenphysik ist, dass unsere Wirklichkeit ein Ergebnis unserer Beobachtung ist. Erst der Prozess der Beobachtung bzw. des Messens führt zur Wahrnehmung von Ort und Zeit. Das eigentliche Wesen der Elementarteilchen wie Elektronen und Photonen ist aber nur in einem Zustand der Raum- und Zeitlosigkeit beschreibbar. Physiker sprechen dann von der Wellenfunktion. Diese lässt sich aber aus einem mysteriösen Grund nicht wirklich beschreiben. Indem wir messen, wählen wir einen der möglichen Zustände aus. Das Elektron erscheint uns dann als Teilchen. Das Elektron nehmen wir dann an einem Ort wahr, obwohl es sich gleichzeitig auch an anderen Orten aufhält. Was wir sehen, haben wir selbst ausgewählt.

Ich will dieses Phänomen einmal durch einen Vergleich beschreiben. Beispielsweise ein Hühnerei. Wenn ich fragen würde, welche Form das Ei hat, dann würde ich sicher die Antwort bekommen:

„Oval". Die Antwort ist richtig und falsch. Nur weil man unsere bevorzugte Perspektive unterstellt, kommt man zu diesem Ergebnis. Wenn ich ein Ei nämlich von oben oder unten betrachte, dann scheint es rund zu sein.

Bei komplexeren dreidimensionalen Objekten habe ich grundsätzlich mindestens 6 Seiteneindrücke, die ich noch beliebig mischen kann. Bei einem Auto sind normalerweise nur links und rechts gleich, aber vorne, hinten, oben und unten verschieden. Ich kann eine Perspektive wählen, bei der ich mehr als eine Seite sehen kann. Maximal kann ich aber immer nur 3 Seiten gleichzeitig wahrnehmen.

Mithilfe der Zeit habe ich allerdings die Möglichkeit, mir einen Eindruck auch von den anderen Seiten zu verschaffen und das Objekt auch einmal von innen kennenzulernen. Erst im Kopf baue ich mir dann ein 3-D-Modell aus meinen 2-D-Ansichten zusammen.

Ich kann also unsere 3-D-Wirklichkeit nicht wahrnehmen, ohne durch Denken die verschiedenen Ansichten in meinem Gehirn zu überlagern. Nur mithilfe der Zeit und unserer Vorstellungskraft können wir die 3-D-Wirklichkeit „sehen". Wenn wir schon Schwierigkeiten bei der Wahrnehmung der 3D-Welt haben, dann ist die Wahrnehmung einer mehr als dreidimensionalen Wirklichkeit praktisch unmöglich.

Die Physik geht heute aber davon aus, dass alle Kräfte, die wir kennen, letztendlich auf die Geometrie höherer Dimensionen zurückzuführen sind. Davon können wir uns sicher keine Vorstellung machen.

Aber vielleicht können wir diesen Bereich fühlen? Eventuell ist die Intuition eine Form der Informationsübermittlung aus einer mindestens 5-dimensionalen Wirklichkeit. Das würde aber nur funktionieren, wenn Information außerhalb der Raumzeit existieren kann und ein Informationsmedium zwischen diesen Dimensionen vorhanden ist. Darüber wissen wir noch nichts.

Der Urknall, die Schwarzen Löcher und die quantenmechanische Verschränkung sind allerdings Phänomene, die auf eine oder mehrere höhere Dimensionen hinweisen.

Ein kleines Gedankenexperiment. Wenn ich ein 2-dimensionales Wesen wäre (also ein Strichmännchen auf einem Blatt Papier) und jemand würde meine Welt mit einem Nagel an den Balken seines Zimmers heften, dann würde ich dort nur ein schwarzes Loch sehen. Ich sehe dann weder den drei-dimensionalen Nagel noch die Welt dahinter.

Nehmen wir ein unbeschriebenes weißes Blatt Papier. Eine 2-dimensionale Welt des Nichts, die auch noch schnell rotiert. Dann lasse ich von Oben etwas Farbe darauf tropfen. Da habe ich dann einen kleinen „Urknall" erzeugt, der sich sehr schnell nach außen ausbreitet. Falls daraus zufällig ein denkendes Strichmännchen entstehen würde, würde dieses den Ursprung rekonstruieren können. Für dieses Wesen käme seine Welt tatsächlich aus dem Nichts, denn die Ursache und das Motiv aus der dritten Dimension wäre nicht erforschbar.

Natürlich sind dies nur Gedankenexperimente, die die Schwierigkeit visualisieren, eine höhere Dimension zu erkennen. Der erste

Schritt ist es, andere Welten, die mit unserer Welt verknüpft sind, als möglich anzusehen. Der zweite Schritt wäre die Sammlung von Indizien, die auf diese anderen Welten möglicherweise hindeuten.

Der Urknall, die Schwarzen Löcher, das sogenannte Null-Energie-Feld und die Verschränkung sind auf jeden Fall Probanden für diese Prüfung der „Extra-Dimensionen". Wir dürfen allerdings nicht den Fehler machen, uns nur physikalische Phänomene genauer anzusehen. Es gibt auch parapsychologische Phänomene wie die Telekinese und Telepathie, die in diesen Zusammenhang gehören. Außerdem dürfen wir nicht vergessen, dass auch der menschliche Geist möglicherweise zur Erkundung der Extra-Dimensionen geeignet und vielleicht sogar prädestiniert ist.

Man könnte einwenden, dass wir hier nur auf rein subjektive Erfahrungen aufbauen können. Wenn man allerdings sehr viele gleichartige Erfahrungen statistisch auswertet, werden auch die Aussagen über den Wahrheitsgehalt wahrscheinlicher. Nach den Erkenntnissen der Quantenphysik sind 100 %-ige Aussagen über unsere Welt ohnehin nicht möglich. Grundsätzlich ist jedes Ergebnis möglich, aber unterschiedlich wahrscheinlich.

Seit es die Menschheit gibt, werden Erfahrungen mit einer anderen Welt aufgezeichnet und visualisiert. Wir nennen diese Welt oft „Jenseits". Sie ist Gegenstand vieler spiritueller Erfahrungen, auf denen die meisten Religionen irgendwann mal ihren Anfang nahmen. Leider sind viele Religionsstifter mit ihren „Erleuchtungen" nicht mehr unter uns, um der Sache auf den Grund gehen zu können. Die Werke, die darauf beruhen sollen, sind außerdem durch viele nachfolgende Interpretationen entsprechend der jeweiligen Interessenlage und Weltsicht verändert worden und nicht mehr authentisch. Trotzdem kann uns ein Studium dieser historischen Schriften viel über den Menschen und sein geheimnisvolles Umfeld erzählen. In meinem dritten Buch zum „Sinn des Ganzen" werde ich das spirituelle Erbe der Menschheit in den wichtigsten Teilen vorstellen und kommentieren.

Mein Fazit vorweg: Die Bibel, die Thora, der Koran, das Gilgamesch-Epos, die Upanischaden, der Taoismus und das Bardo Thödol enthalten Regeln, Weisheiten und Erfahrungen vergangener Kulturen, die viel zum Verständnis der Menschheitsentwicklung beitragen. Diese Texte sind m.E. aber wenig geeignet, um echte Informationen über die jenseitige Welt und die Menschwerdung zu bekommen. Aufgrund der medizinischen Fortschritte haben wir heute einen viel besseren Zugang zur Erforschung der jenseitigen geistigen Welt bekommen. Ich meine damit die wissenschaftliche Bearbeitung tausender „Nahtoderfahrungen".

Seit Elisabeth Kübler-Ross vor fast 50 Jahren ihre Studien über Sterbende veröffentlichte („Was der Tod uns lehren kann"), hat die Erforschung der Erlebnisse von physisch Gestorbenen, die wiederbelebt worden sind, uns viele Aussagen über diese jenseitige Welt beschert. Nicht nur nach einem Herzstillstand, sondern auch nach einem Gehirntod können nach der Wiederbelebung Informationen über eine geistige Welt gewonnen werden, die uns zeigt, dass unser Geist den sterbenden Körper überlebt.

Das Besondere an dieser Welt scheint nicht nur der Übergang zu sein, sondern auch die Beschaffenheit. Diese Welt scheint eine materie- und zeitlose Welt aus reiner Lichtenergie zu sein. In einem eigenen Kapitel werde ich mich damit beschäftigen, ob der aktuelle Stand der „Jenseitsforschung" ausreichend ist, um diese andere Welt für wirklich zu halten. Das würde den Sinn unseres Lebens auf eine andere Stufe heben. Der Sterbeprozess würde für uns das Furchtbare verlieren und eine Phase unter vielen werden, um uns weiterzuentwickeln.

Um sich auf diesen Bereich der Forschung einlassen zu können, werden wir auch unser naturwissenschaftlich geprägtes Bild vom Menschen hinterfragen müssen. Heute geht die Medizin, die Psychologie und die Gehirnforschung selbstverständlich davon aus, dass unsere Persönlichkeit eine Funktion des Gehirns ist und mit dem Körper stirbt. Dann könnten wir auch keine Dinge wahrnehmen, die nicht gleichzeitig orts- und zeitgebunden wären. Jeder Mensch hat allerdings auch geistige Fähigkeiten, die darüber hinausgehen. Träume, Intuition und verschiedene paranormale Phänomene zeigen uns, dass wir anscheinend auch ein nicht-materielles Netzwerk nutzen können.

Wenn unser Geist durch verschränkte Photonen beschrieben werden könnte, dann gilt hier auch die Quantenphysik und damit die Möglichkeit, in Echtzeit über große Entfernungen zu kommunizieren. Dann wäre das Gehirn nicht der einzige Aufenthaltsort unseres Denkens und unserer Persönlichkeit.

Möglicherweise ist das Gehirn nur der Repräsentant unseres dimensionsreduzierten Teils, um uns in dieser Raumzeit-Welt zurechtzufinden. Das würde auch die widersprüchlichen Ergebnisse der Gehirnforschung zum Freien Willen erklären. Das Gehirn wäre dann nur eine Art persönlicher Empfänger wie ein Avatar in einem Computerspiel. Dann könnten wir auch erklären, warum es Menschen gibt, die plötzlich viele Sprachen beherrschen oder Dinge tun, ohne sie wirklich gelernt zu haben.

Obwohl die Psychologie davon ausgeht, dass die meisten psychischen Prozesse im Unterbewusstsein ablaufen, unterstellt sie automatisch, dass dies alles im Gehirn geschieht. Schaut man sich die Geschichte der menschlichen Erfindungen und Erkenntnisse an, dann wird man feststellen können, dass diese selten das Ergebnis logischer Gedanken waren. Immer war da vorher ein „intuitiver Gedankenblitz" oder ein Traumerlebnis. Oft wurde ein neuer Gedanke gleichzeitig von mehreren Menschen auf der Welt genutzt.

Die große Frage, die hinter allem steht, ist also die Frage nach dem Verhältnis von Geist und Materie oder naturwissenschaftlich ausgedrückt, den Wechselwirkungen zwischen Energie und Information. Hier tut sich ein riesiges neues Forschungsfeld auf. Ich bin mir sicher, dass wir diese Herausforderung annehmen. Das wird dann allerdings unser Weltbild ein weiteres Mal revolutionieren.

Ich glaube nicht, dass wir dann alles, was wir schon wissen, über den Haufen schmeißen müssten. Es geht um eine Ergänzung, um uns unsere physikalische Welt noch besser erklären zu können. Schon Einstein ist davon ausgegangen, dass die Kräfte, die wir hier messen und erfahren, letztlich Wirkungen einer höheren Geometrie sind. Deshalb ist die Vereinheitlichung aller Elementarkräfte unter Zuhilfenahme von Extradimensionen eine naheliegende Idee.

An dieser Stelle möchte ich schon ein Beispiel anführen, wie das Zusammenspiel von alten und neuen Modellen im Sinne einer Ergänzung aussehen kann. Wenn der menschliche Geist in einem materiellen Körper weilt, wird er physikalischen Beschränkungen unterworfen sein. Dies gilt es zu beschreiben. Wenn wir den Geist mal als reine Information ansehen und den materiellen Träger als Energie mit einem Wellencharakter wie Licht, dann könnte man die menschliche Persönlichkeit als eine Art stabile Soliton-Welle beschreiben. Solitonen lassen sich tatsächlich auch in der Natur z.B. in Wasserströmungen beobachten und nur mit nicht-linearen Gleichungen beschreiben.

Für die Verbindung zwischen Energie und Information haben wir noch kein echtes wissenschaftliches Verständnis. Natürlich nutzen wir mittlerweile alle Energieformen, um Informationen zu übertragen und zu speichern. Dabei hat die digitale Form viele Vorteile gegenüber der analogen. Wir wissen aber nicht wirklich, wie komplexe Informationen wie die einer menschlichen Persönlichkeit gespeichert werden könnten. Es gibt Hinweise darauf, dass die Natur diese Aufgabe in Form eines Hologramms erledigt. Das ist vereinfacht ausgedrückt eine Speicherart, in der jede Zelle grundsätzlich alle Informationen des Gesamtsystems besitzt. Die Information liegt dort allerdings nur mit einer gewissen Unschärfe vor. Erst das gleichzeitige Abrufen dieser Informationen aus mehreren Zellen erzeugt den Schärfeeindruck. Offenbar wirkt die sogenannte Heisenbergsche Unschärferelation, die für Quantenphänomene gilt, auch hier. Das ist aber wiederum ein Hinweis darauf, dass wir es tatsächlich mit einem Wellenphänomen zu tun haben.

Möglicherweise ist das psychologisch zu beschreibende Phänomen der Selbstwahrnehmung vergleichbar mit dem Problem, das Licht entweder als Teilchen oder Welle zu betrachten. Ich habe deshalb in einem früheren Buch die Theorie aufgestellt, dass unser unsterbliches nicht-materielles Selbst als stabile Wellenfunktion einer mindestens 5. Dimension gedeutet werden könnte. Vereinfacht habe ich dieses Konstrukt „Wellen-Ich" genannt. Demgegenüber steht unser „Punkt-Ich". In unserer Raumzeit-Welt werden wir nur dieses „Punkt-Ich" als unsere Form der Ich-Persönlichkeit wahrnehmen und seine Entscheidungen beobachten und bewerten können. Wir sind also gleichzeitig ein Produkt dieser und der jenseitigen höherdimensionalen Welt.

Unser „Punkt-Ich" ist somit eine zeitbezogene Auswahl aus dem unendlichen Potenzial des „Wellen-Ichs". Schon hier deutet sich an, dass Raum und Zeit möglichweise eine Erfindung sind, um dem „Wellen-Ich" zu zeigen, was alles in ihm steckt. Das würde auch erklären, warum wir die Zeit nicht als physikalisches, sondern eher als geistiges Phänomen auffassen müssen. Ich möchte diese Möglichkeit hier nur als ein Gedanken-Modell einführen, um den Blick zu weiten.

Es gibt dabei noch eine andere Analogie zwischen Physik und Geisteswissenschaft, die ich später noch vertiefen werde: Einstein hat uns eine mathematische Beschreibung unserer Welt mit seiner Relativitätstheorie hinterlassen, die uns auch eine Beschreibung zum Übergang zwischen Diesseits und Jenseits liefert! Natürlich hat sich Einstein darüber wohl keine Gedanken gemacht. Wenn ich von der Hypothese ausgehe, dass wir uns im Sterben als materieloses Lichtwesen von unserem Körper lösen, dann gilt trotzdem die Relativitätstheorie. Der Vorgang lässt sich somit mathematisch beschreiben.

Materieloses Licht (Photonen) müsste sich gemäß der eigenen Natur auf Lichtgeschwindigkeit beschleunigen. Wenn dieses komplexe „Lichtbündel" nicht nur Informationen, sondern auch Wahrnehmungsfähigkeiten besitzt, dann würde die Beschleunigung auf Lichtgeschwindigkeit eine Raumverzerrung bewirken. Das Max-Planck-Institut hat errechnet, dass dadurch ein maximal gekrümmter und schlauchförmiger Raum entsteht und die Lichtintensität so zunimmt, dass ein Überstrahlungseffekt eintritt.[74] Kann es Zufall sein, dass viele Nahtoderlebnisse von diesem Erlebnis handeln?

Noch eine Konsequenz aus der Relativitätstheorie: Objekte, die mit Lichtgeschwindigkeit unterwegs sind, werden keine Zeit spüren können, weil keine Zeit vergehen könnte. Kann es Zufall sein, dass viele Nahtoderlebnisse auch von dem Gefühl der Zeitlosigkeit handeln, obwohl es schwerfallen wird, so etwas in Worte zu fassen?

Physikalische Gesetze sind in der jenseitigen Welt möglicherweise nicht aufgehoben, weil das Diesseits im mehrdimensionalen Jenseits eingebettet ist. Ich möchte deshalb im nächsten Kapitel unsere aktuelle Kenntnis vom Wesen unserer materiellen Welt zusammenfassend darstellen und zeigen, dass auch dort viele Hinweise auf die höhere Wirklichkeit versteckt sind.

Die Quantenphysik ist unweigerlich an die Grenzen der Materie vorgestoßen und hat Prozesse beschrieben, die eher etwas mit geistigen Prozessen gemein haben. Man könnte auch sagen: Die Quantenphysik hat den Geist in der Materie wiederentdeckt.

Viele Quantenphysiker haben sich auch mit spirituellen Fragen beschäftigt. Nils Bohr führte das Ying-Yang-Symbol in seinem Wappen. David Bohm hatte Kontakt zu dem indischen Yogi Krishnamurti. Erwin Schrödinger hielt Vorlesungen über indische Weisheitslehren (Upanischaden).

Der Physiker Fritjof Capra (*1939) hat in seinem Bestseller „Wendezeit" folgendes Resümee zur Entwicklung der Physik gezogen:

„Die Physik hat im 20. Jahrhundert mehrere gedankliche Revolutionen erlebt, die eindeutig die Grenzen ihrer mechanistischen Weltanschauung offenbaren und zu einer organischen ökologischen Sicht der Welt führen, die große Ähnlichkeit mit den Anschauungen der Mystiker aller Zeitalter und Überlieferungen aufweist ... Daher können Physiker den wissenschaftlichen Hintergrund für den Wandel der Verhaltensweisen und Wertbegriffe liefern, den unsere Gesellschaft so dringend benötigt." [75]

Diese Hoffnung Capras ist sehr optimistisch. Bislang beschäftigt sich die Physik nämlich nicht mit geistigen Inhalten wie Werten. Es könnte sein, dass Werte, die uns als geistige Motivkonstanten erscheinen, in Wirklichkeit konstante Regeln eines höher dimensionalen Raumes sind. Tatsache ist aber auch, dass insbesondere die Astrophysik und die Elementarteilchenphysik Grenzen der mechanistisch zu erklärenden Welt überschritten haben und den Grundstein für eine neue philosophische Weltanschauung legen.

Der Chemiker und Nobelpreisträger Ilja Prigogine (1917-2003) kommt in seinem Werk „Dialog mit der Natur - Neue Wege naturwissenschaftlichen Denkens" zu einem ähnlichen Ergebnis:

„Wir gehen einer neuen Synthese entgegen, einer neuen Naturauf-fassung, in der die abendländische Tradition, die das Experiment und die quantitative Formulierung betont, sich mit der chinesischen Tradition verknüpft, in deren Mittelpunkt die Auffassung von einer spontanen, sich selbst organisierenden Welt steht." [76]

Nur was ist das für eine Kraft, die hinter der „Selbstorganisation" steht? Wir nennen sie heute Evolution oder Schöpfung. Die Frage, ob Plan, Programm oder Zufall bleibt dabei bislang unbeantwortet.

Die Idee von Strings und Multiversen

Es könnte auch sein, dass alle Kräfte, die wir kennen, letztendlich nur Funktionen eines 10-dimensionalen Raumes sind. Die Elemen-tarteilchen dieses „Ur-Raumes" werden „Strings" genannt. Das sol-len winzige schwingende Saiten oder Membranen sein, aus denen alles besteht. Nur mithilfe der Mathematik haben wir die Chance, einen Blick in diesen Hyperraum zu werfen. Die Strings könnten von uns allerdings nicht bewiesen werden, da wir dazu Teilchenbe-schleuniger von der Größe einer Galaxie bräuchten.

Jetzt wird die Existenz unserer Welt mit den fein aufeinander abge-stimmten Naturkonstanten einfach dadurch erklärt, dass man fast unendlich viele Paralleluniversen annimmt. Eine ziemlich kühne Vorstellung. Die Stringtheorie lässt sich mit technischen Mitteln nicht belegen bzw. widerlegen und ist damit eine Glaubensfrage bzw. ein statistisches Modell.

Die Anzahl der Universen, die notwendig sind, damit die Statistik stimmt, ist allerdings riesig. In seinem Buch „The Cosmic Landscape" spricht Leonard Susskind (*1940), Physiker in Stanford und Vater der String-Theorie, von zehn hoch fünfhundert (10^{500}) erforderlichen weiteren Universen. Das wären erheblich mehr Universen als wir Atome in unserem Universum haben. Der Astrophysiker Bernhard Haisch kommentiert das etwas ironisch:

„Eine solche Vielzahl weiterer unsichtbarer Universen erfordert schon einige Glaubensstärke. Für mich ist diese Behauptung deutlich gewagter als eine hinter allem stehende Intelligenz." [77]

Natürlich könnte es sein, dass sich mit der Hilfe der Stringtheorie die beiden bedeutendsten Physiktheorien des Jahrhunderts zu einem einheitlichen Modell zusammenbauen lassen: Einsteins „Allgemeine Relativitätstheorie" sowie die Quantentheorie. Einsteins Gleichungen beschreiben den Aufbau des Universums im Großen, die Quantenphysik erfasst den Mikrokosmos, die Welt der Atome und Elementarteilchen. Beide Theorien sind zwar in sich schlüssig. Doch sie haben einen grundlegenden Fehler: Sie lassen sich nicht miteinander in Einklang bringen, weil die Gravitation möglicherweise nicht quantifiziert ist.

Um etwa Schwarze Löcher oder den Moment des Urknalls mathematisch zu erfassen, versuchten Physiker bereits in den dreißiger Jahren, beide Theorien miteinander zu kombinieren. Sie stießen dabei auf große Widersprüche. Seither arbeiten die Forscher vergeblich an einer einheitlichen Theorie der „Quantengravitation". Eine der Folgen: Bis heute ist unklar, was sich in den ersten Sekundenbruchteilen des Urknalls vor 14,8 Mrd. Jahren abspielte, als die gesamte Energie des Universums zu einem winzigen Punkt zusammengeballt war.

Mathematisch gesehen lässt sich das Problem buchstäblich „auf den Punkt" bringen. Die herkömmlichen Theorien der Physik gehen im Prinzip davon aus, dass die Elementarbausteine der Materie wie etwa das Elektron die Form von Punkten haben. Diese aber sind genau genommen unendlich klein. Das hat zur Folge, dass sich zwei dieser Elementarpunkte theoretisch beliebig nahekommen könnten. Damit aber würde die Schwerkraft zwischen den beiden Partikeln ins Unendliche wachsen - eine physikalische Absurdität, welche die Theoretiker bislang nur mit mathematischen Tricks zu umgehen vermögen.

Strings (englisch: „Saiten") sollen offenen oder geschlossenen Fädchen gleichen. Wie Violinsaiten sollen Strings vibrieren können, wobei ihre jeweiligen Schwingungszustände den verschiedenen Elementarteilchen entsprechen, etwa Elektronen, Photonen oder Neutrinos. Die Strings sind unvorstellbar klein. Sie messen nur 10^{-33} Zentimeter und sind damit etwa so groß wie eine Mikrobe im Vergleich zum gesamten Universum. Diese minimale Ausdehnung genügt, um zu verhindern, dass sich die Saiten zu nahekommen. Infolgedessen ergeben sich für die Massen und Ladungen von Strings sinnvolle, endliche Werte. Eigentlich nur ein mathematischer Kunstgriff.

Strings sollen der Theorie zufolge in einem 10-dimensionalen Raum eingebettet sein. Die Entdeckung von Extradimensionen würde die String-Theorie zwar nicht beweisen, aber stützen. Bislang gibt es hier nur ein mathematisches Modell.

Erstaunlich ist nun, dass die masselosen Zustände, die den „Niedrigenergiesektor" bevölkern, in einigen Versionen der Stringtheorie dem beobachteten Spektrum der Elementarteilchen recht nahekommen. Diese Erfolge haben Hoffnungen keimen lassen, dass die Theorie nicht nur den Widerspruch zwischen Quantentheorie und Gravitation aufzulösen vermag, sondern vielleicht auch den Ursprung der Materie erklären kann. Viele theoretische Physiker halten an dieser Theorie fest, weil sie schön und elegant erscheint. Die verschiedenen Elementarteilchen wären dann nur verschiedene Schwingungsformen, wie Noten in der Musik. Das Universum als eine göttliche Symphonie?

Viele Entdeckungen der Wissenschaft haben bereits die musikalische Grundstruktur der Welt bestätigt. Die Periodentafel der Elemente zerfällt beispielsweise in sieben Oktaven, wobei gewisse Eigenschaften, wie bei den musikalischen Oktaven immer wiederkehren. Das elektromagnetische Spektrum umfasst mehr als 70 Oktaven. Diese Eigenschaften der Materie und der elektromagnetischen Wellen konnten bisher noch nicht erklärt werden. Erst die Stringtheorie könnte eine Erklärung liefern. Danach sind alle physikalischen Phänomene, die wir beobachten, über den jeweiligen Schwingungszustand der „Strings" definiert. Jeder „Ton" erzeugt somit ein anderes Teilchen. Wenn wir die Harmoniegesetze des Kosmos kennen würden, könnten wir erklären, warum nur bestimmte „Töne" auftauchen.

Die 10 Dimensionen der Welt der Strings können wir nicht direkt erforschen. Wir können nur Vermutungen anstellen, weil wir mit dieser Konstruktion viele Kräfte und Regeln unserer Welt erklären könnten. Dabei ist es einfacher, die Wirkung einer Geometrie der 10. Dimension in die 3. Dimension durch Reduktion zu errechnen als umgekehrt.

Wenn ich mit einem Bleistift einen Punkt erzeuge, dann habe ich eine 1-dimensionale Information erzeugt. Ein 2-dimensionales Wesen kann theoretisch diesen Punkt sehen, aber nicht die Ursache erfassen. Der Punkt könnte in der dritten Dimension durch verschiedene Dinge erzeugt werden. Eine Nadel, die ein Blatt Papier durchstößt, würde auch als Punkt erscheinen. Hinter dem Punkt könnte auch der ganze Mensch stehen, der mit dem Finger auf ein Blatt Papier zeigt. Von einer 2-dimensionalen Darstellung auf die dritte Dimension zu kommen, erscheint etwas leichter. Der Grundriss eines Hauses z. B. kann uns schon viele Informationen über das 3-D-Modell geben. Vieles bleibt aber Spekulation. Ich kann über die nächsten Stockwerke und die Dachform wahrscheinlich nur Vermutungen anstellen.

Der amerikanische Physiker Garrett Lisi (*1968) hat behauptet, er hätte die Urformel in einer komplexen Gruppe des norwegischen Mathematikers Sophus Lie (1842 – 1899) gefunden. Lie hatte sich intensiv mit drei-dimensionalen Objekten beschäftigt und die Symmetrien beschrieben, die entstehen, wenn diese gedreht werden, ohne ihr Erscheinungsbild zu verändern. Die Lie-Gruppe E8, die darauf aufbauend entwickelt wurde, ist beispielsweise eine Darstellung der Symmetrien eines 57-dimensionalen Körpers, der auf 248 verschiedene Arten gedreht werden kann, ohne sein Aussehen zu ändern. Zur Berechnung dieses Ergebnisses brauchten mehrere Mathematiker 5 Jahre und einen Supercomputer. Die bildhafte Darstellung dieser komplexen Gruppe sieht aus wie ein indisches Mandala. Die ForscherInnen rechneten mit sogenannten Matrizen mit über 205 Milliarden Zellen. Garrett Lisi hat nun unser bekanntes Wissen über die Elementarteilchen und Grundkräfte in diese Matrix integriert. Dabei blieben 20 noch unbekannte Teilchen übrig. Sollten diese in den Teilchenbeschleunigern noch gefunden werden, so hätten wir zwar noch nicht die „Urformel", aber eine schöne symmetrische Darstellung aller bisherigen Erkenntnisse. Das käme der Urformel schon ziemlich nahe und sieht außerdem schön aus.

Die Hoffnungen der String-Theorie haben sich nicht erfüllt. Das Modell wird heute in der Physik immer weniger diskutiert, weil wir es nie beweisen könnten.

Auch wenn die „Weltformel" noch nicht gefunden wurde, die Physik geht von einer Urkraft aus, mit der sich die materielle Welt erklären lässt. Unsere Wissenschaft ahnt, dass diese Urkraft auch hinter der geistigen Welt steht. Es gibt aber enorme Hemmungen, sich die Welt wieder mit geistigen Prinzipien erklären zu wollen.

Dies hängt auch damit zusammen, dass wir noch keine überzeugenden mathematischen Modelle besitzen, mit denen wir die eher analogen Informationsprozesse in der Welt beschreiben könnten. Die Quantenphysik hat diese Grenze zwischen der Welt des Geistes und der Welt der Materie markiert und das Paradox von der Wellen- und Teilchenform zurückgelassen. Die Quantenphysiker bzw. -physikerinnen haben uns die Wahrheit über die Grenzen der mit dem Verstand wahrnehmbaren Wirklichkeit gezeigt, sich aber nicht getraut über die Brücke zu gehen und die Konsequenzen daraus zu ziehen.

Die moderne Physik hat mit anderen Worten etwas wiederholt, was alte spirituelle Denkweisen wie der Taoismus und Buddhismus seit langer Zeit behaupten: Die Wirklichkeit, die wir sehen, ist nur eine Konstruktion unseres beschränkten Verstandes. Die Wirklichkeit ist eine Illusion, und zwar eine sehr hartnäckige (um Einstein zu zitieren).

Wir können heute hinter den Spiegel der Raumzeit schauen und dort wundersame Dinge erleben. Wir können diese Prozesse sogar mathematisch beschreiben. Aber wir trauen uns nicht, zu erkennen, dass dies die eigentliche Wirklichkeit ist. Dies ist aber auch das Absurde an der heutigen Situation. Wir wissen zwar viel über die Begrenztheit von Raum, Zeit und Materie, aber wir verweigern uns, daraus auch Schlüsse für unser Leben und unsere Lebensziele zu ziehen. Wir wollen nicht erkennen, dass auch unser eigentliches Wesen ein Teil dieser Welt außerhalb der Raumzeit ist und dass es im Leben genau darauf ankommt.

Welt der Widersprüche

Ein guter Wissenschaftler bzw. Wissenschaftlerin will Gesetzmäßigkeiten erfassen und Kräfte messen und nicht philosophische Fragen nach dem Sinn des Ganzen beantworten. Die klassische Arbeitsteilung zwischen den „objektiven" Naturwissenschaften und den eher „subjektiven" Geisteswissenschaften wird beibehalten. Die Physik will immer noch zählen und quantifizieren. Qualitative Aussagen zum Wesen der Dinge und Bewertungen sind Sache der geistigen

Welt, in der man zwischen Glauben und Wissen nicht so recht unterscheiden kann. Zwar haben wir inzwischen auch die Chaos-Wissenschaften und die mit Wahrscheinlichkeiten rechnende Quantenphysik, aber die meisten Naturwissenschaftler bzw. Naturwissenschaftlerinnen suchen immer noch die reine widerspruchsfreie mathematische Formel, um die Welt zu erklären.

Bis heute hat die Physik die Konsequenzen aus der Quantenphysik nicht gezogen. Man will es einfach nicht wahrhaben: Die Welt funktioniert vollkommen anders, als wir uns das denken. Wir haben zwar viele Hinweise darauf, dass die Welt anders „tickt", aber unser logischer Verstand möchte das nicht glauben. Um das in der Sprache der Booleschen Algebra zu sagen: Wir lieben die „oder"-Funktionen und können uns die „und"-Funktionen nicht richtig vorstellen.

Ein Körper kann nur weich oder hart sein, groß oder klein, heiß oder kalt (richtig?). Ein Elementarteilchen hat eine positive oder negative Ladung oder keine. Ein Mensch ist gut oder böse. Solche Begriffspaare gibt es viele. Lange Jahre haben wir über das Paar „Zufall oder Schöpfung" gestritten. Das tun wir eigentlich noch heute. Die Wahrheit liegt wahrscheinlich eher bei der „und"-Beziehung. Das passt aber mit unserem Denken nicht zusammen. Wir dulden keine Widersprüche und Uneindeutiges.

Widerspruchsfreiheit ist heute eines der wichtigsten Anliegen der westlichen Sprachwelt geworden. Die Naturwissenschaften liefern uns widerspruchsfreies Wissen. Dabei geht es aber nicht um die objektive Beschreibung der Wirklichkeit, sondern um ein Modell der wirklichen Welt. In der Makrowelt hat uns diese Art zu Denken technisch sehr weit gebracht. Nur in der Quantenwelt des Mikrokosmos sind wir mit dieser analytischen Sicht nicht weitergekommen. Dort hat die Wissenschaft etwas akzeptiert, das sie eigentlich vermeiden wollte: die Beschreibung von scheinbar paradoxen Phänomenen.

Unsere Logik verlangt eine klare Unterscheidung zwischen Sein und Nichtsein, Ursache und Wirkung, Geist und Materie. Dies ist das Denken, das uns viele technischen Revolutionen gebracht hat. Ohne dieses Denken wären unsere Computer nie gebaut worden. Das digitale Zeitalter baut darauf auf, dass wir eindeutig zwischen 0 und 1 unterscheiden können, genauso wie zwischen „ein" und „aus" und heute und morgen. Viele werden sagen: "Dieses Denken hat uns groß gemacht. Und davon sollen wir uns vielleicht verabschieden?"

Die Zeit – Das große Rätsel

Unsere sichtbare und unsichtbare Welt besteht aus Energie in verschiedenen Formen. Diese Energie bewegt sich in der Zeit. Doch wissen wir wirklich, was Zeit eigentlich ist?

Zeit kann genauer gemessen werden als jede andere physikalische Größe. Worin das Wesen der Zeitempfindung besteht, ist bisher immer noch ein Mysterium. Trotzdem gehört das Gefühl, dass die Zeit „verrinnt" zu einem der grundlegendsten Bestandteile der menschlichen Wahrnehmung. Der Physiker Carlo Rovelli (*1956) kommt in seinem Buch „Die Ordnung der Zeit" zu folgender Bewertung:

„Das Mysterium der Zeit ist mit dem unserer Identität, dem des Bewusstseins verwoben." [78]

Albert Einstein hat einmal an Sigmund Freud geschrieben: "Vergangenheit, Gegenwart und Zukunft sind nur Illusionen, wenn auch sehr hartnäckige." Ist da etwas dran? Oder wollte Albert Einstein nur nicht wahrhaben, dass die Zukunft so unberechenbar ist wie die Quantendynamik?

Der Theoretische Physiker Lee Smolin (*1955), der sich intensiv mit der Quantengravitation beschäftigte, schrieb in seinem Buch „Im Universum der Zeit":

„Was ist Zeit? Diese täuschend einfache Frage ist das wichtigste Einzelproblem, das sich der Naturwissenschaft stellt, während wir immer tiefer in die Grundlagen des Universums eindringen." [79]

„Ich bin zu der Überzeugung gelangt, dass Zeit der Schlüssel zur Bedeutung der Quantentheorie und ihrer letztlichen Vereinheitlichung mit dem Raum, der Zeit, der Gravitation und der Kosmologie ist". [80]

Der Blick in das All offenbart das Zeit-Problem. Dort sehen wir viele Sternensysteme, die vor Millionen bzw. sogar Milliarden von Jahren ihr Licht ausgesandt haben, das uns erst heute erreicht. Ob diese Sterne noch existieren, können wir nicht feststellen. Der Kosmos ist also ein Bild unterschiedlicher Vergangenheiten, die aus unserer Sicht gleichzeitig erscheinen. Warum das so ist, hängt mit der Rolle des Lichts und der Lichtgeschwindigkeit zusammen. Wenn wir z. B. ein Wahrnehmungsorgan hätten, das mit Teilchen arbeitet, die sich schneller als das Licht bewegen könnten, dann könnten wir auch Informationen aus der Vergangenheit und vielleicht auch aus der Zukunft erhalten. Einstein hat aber postuliert, dass die Lichtgeschwindigkeit nicht überholt werden kann.

Mit Hilfe von Atomuhren wurde ein Teil der Relativitätstheorie bestätigt, nämlich das Phänomen, dass die Zeit durch Bewegung gedehnt werden kann. Im Gegensatz dazu wird durch Einfluss der Gravitation die Zeit verlangsamt. Der Schlüssel zum Verständnis der Zeit scheint also die Schwerkraft zu sein. Diese regelt offenbar auch die Wahrnehmung des Zeitflusses. Was aber die Schwerkraft genau ist, ist bislang ein großes Geheimnis.

Die Astrophysiker gehen z. B. davon aus, dass am Rande eines Schwarzen Lochs die Zeit für den Betrachter von der Erde stillsteht. Die Schwerkraft friert die Zeit quasi ein. Vielleicht haben wir hier aber auch die Verbindungsstelle zu einem höher-dimensionalen Hyperraum, in dem die Zeit nicht existiert?

Die Wahrnehmung von Zeit hat auch eine kulturelle und eine subjektive Komponente. Auch wenn die Uhren überall gleich gehen, hat jeder Mensch seine persönliche Ich-Zeit. Wenn man sehr glücklich ist, dann hat man nur ein Gefühl für das Jetzt. Das Gefühl für den Zeitstrom entsteht eigentlich erst, wenn man über Vergangenes bzw. Zukünftiges nachdenkt.

Die minimale Zeit, die wir wahrnehmen können, liegt bei etwa 100 Millisekunden. Dies hängt vielleicht auch damit zusammen, dass die sogenannte Alphafrequenz im Gehirn zwischen 80 und 120 Millisekunden beträgt und damit den Wahrnehmungstakt definiert. Ohne diese Trägheit würden Filme wie einzelne Bilder vor uns ablaufen. 30 Bilder pro Sekunde erscheinen deshalb als fließende Bewegung. Vor diesem Hintergrund könnte man annehmen, dass „höher getaktete" Lebewesen eine andere Zeitwahrnehmung haben und deshalb auch anders reagieren können als wir. Viele Tiere können Bewegungen besser wahrnehmen als wir.

Wenn man einmal eine Libelle beobachtet hat, die andere Insekten jagt, kann man erahnen, dass diese ihre schnell fliegende Beute anders sieht als wir. Möglicherweise nimmt sie einfach mehr Bilder pro Sekunde wahr und erlebt etwas, das wir Zeitlupe nennen. Ich kann beispielsweise mit einer Kamera eine Szene mit 180 Bildern pro Sekunde aufnehmen und dann in der für uns als Bewegung wahrnehmbaren Geschwindigkeit von 30 Bildern pro Sekunde abspielen. Die Zeit wird dadurch für mich verlangsamt. Die Szene erscheint 6-mal langsamer als in Wirklichkeit, so dass wir auch eine Fliege im Flug beobachten können. Diese Manipulation der Zeit ist natürlich nur mit unserer Videotechnik möglich. Hier können wir aber auch sofort unser Problem mit der Wahrnehmung der Wirklichkeit erkennen.

Wir erleben unsere Welt wie eine Kamera, die in jeder Sekunde zehn Bilder macht und diese zu einem Film zusammenfügt. Wenn etwas in dieser zehntel Sekunde erscheinen und wieder verschwinden würde, wüssten wir davon nichts. Wir haben auch Probleme, wenn wir langsame Objekte beobachten. Wenn eine Pflanze ihre Blüten öffnet, sehen wir das nicht im Zusammenhang. Auch hier können wir mit unserer Technik nachhelfen und beispielsweise nur alle 10 Sekunden ein Bild machen. Wenn wir die Bilder dann hintereinander in der Geschwindigkeit von 30 Bildern pro Sekunde ablaufen lassen, haben wir 300 Sekunden – also 5 Minuten der Pflanzenzeit in einer menschlichen Sekunde erlebbar gemacht. Wenn die Pflanze eine Stunde bräuchte, um ihre Blüten zu öffnen, könnten wir das in einem Film von 12 Sekunden Länge bestaunen. Natürlich könnten wir uns auch eine Stunde vor die Pflanze setzen und wären dann vielleicht irgendwann eingeschlafen.

Aus irgendeinem Grund ist unser Gehirn und damit unsere Wahrnehmungsmöglichkeit auf einen bestimmten Takt eingestellt. Im normalen Wachbewusstsein nutzen wir Gehirnfrequenzen von 15 bis 38 Hertz (= Schwingungen pro Sekunde). Diese werden als Beta-Wellen bezeichnet. Es ist nicht verwunderlich, dass sich unsere Bildtechniken darauf eingestellt haben.

Filme im europäischen PAL-Modus laufen normalerweise mit 24 Bildern pro Sekunde ab. Da können schnelle Bewegungen schon mal ruckelig erscheinen. In einem modernen IMAX-Kino hat man die Frequenz deshalb auf 48 Bilder pro Sekunde verdoppelt. Computerspiele können sogar mit 60 bis 240 Bildern pro Sekunde programmiert sein, was dann entsprechende Monitore voraussetzt. Bewegungen erscheinen dort besonders flüssig.

Unser Gehirn kann mit unterschiedlichen Frequenzen „gefahren" werden. Im Zustand der Entspannung lassen sich sogenannte Alpha-Wellen mit einer Frequenz von 8 bis 14 Hz messen. Thetawellen (4 bis 7 Hz) treten beim Träumen auf und Deltawellen (0,5 bis 3 Hz) im traumlosen Tiefschlaf. Hier kann unser Bewusstsein dem Geschehen nicht mehr folgen. Das Gehirn kann aber auch sogenannte Gammawellen im Bereich von 38 bis 100 Hz erzeugen und einen höheren Informationsfluss ermöglichen. Dieser Bereich wurde bisher noch wenig erforscht. Offensichtlich ist er kennzeichnend für erhöhte Konzentration und mystische Erlebnisse.

Jeder Mensch hat das Gefühl, dass die Zeit für uns mal schnell und mal langsam vergeht. Leider ist es so, dass sich die Zeit gefühlt beschleunigt, wenn wir uns mit interessanten Dingen beschäftigen oder mit geliebten Menschen zusammen sind. Wenn wir krank sind (oder beim Zahnarzt) dann scheint die Zeit fast still zu stehen. Eigentlich sollte es umgekehrt sein.

Die New York Times berichtete 1929, Albert Einstein habe einmal gesagt:

„Wenn du zwei Stunden mit einem netten Mädchen zusammensitzt, denkst du, es sei nur eine Minute, aber wenn du nur eine Minute auf einer heißen Herdplatte sitzt, denkst du, es seien zwei Stunden".

Seit der Antike haben sich fast alle großen Denker mit der Frage nach der Natur oder dem Wesen der Zeit beschäftigt. Vielleicht ist die Frage nach dem Wesen der Zeit auch unsinnig. Ist die Zeit nicht lediglich ein anderer Begriff für die Abfolge von Ereignissen? Dass Zeit ohne Veränderung nicht „existieren" kann, glaubten schon die Philosophen in der Antike.

Das berühmte Wort, das dem um 500 v. Chr. in Ephesos lebenden Philosophen Heraklit zugeschrieben wird - „Man kann nicht zweimal in denselben Fluss steigen" - ist ein Ausdruck dafür, dass sich die Welt mit der Zeit stets nur in eine Richtung verändert, in die Zukunft hinein. Nie wird es ein Zurück geben.

Sir Isaac Newton (1642-1726) hat in seiner „Principia" geschrieben:

„Die absolute, wahre und mathematische Zeit verfließt an sich und vermöge ihrer Natur gleichförmig und ohne Beziehung zu irgendeinem äußeren Gegenstand. "

Dieses Postulat der absoluten Zeit ist noch heute so fest in unserem Gefühl verankert, dass die meisten Menschen Newton, ohne zu zögern, zustimmen würden. Die Zeit verläuft absolut gleichmäßig, so wie sie uns die Atomuhren angeben, und alle Ereignisse folgen ihrem Lauf.

1905 postulierte dann Albert Einstein die Konstanz der Lichtgeschwindigkeit. Das heißt, ein Physiker wird beim Licht stets dieselbe Geschwindigkeit messen, egal, ob er sich darauf zu oder sich hinter ihm her bewegt. Mit seiner „Allgemeinen Relativitätstheorie" zerstörte Einstein das Bild von der absoluten Zeit vollends. Einstein hatte herausgefunden, dass nicht nur hohe Geschwindigkeiten, sondern auch Schwerkraftfelder großer Materieansammlungen, wie

Sterne oder Planeten, den Lauf der Zeit beeinflussen.

Im Moment des Urknalls war physikalisch-mathematisch gesehen die Materiedichte und somit auch die Schwerkraft unendlich groß. Deshalb vermutet die Astrophysik, dass die Zeit zusammen mit dem Raum im Urknall entstanden ist.

Der britische Kosmologe Steven Hawking und sein Mitarbeiter James Hartle präsentierten schon 1983 eine besondere Idee. Die Zeit ist demnach möglicherweise kein eindimensionaler Strahl, sondern ein zwei-dimensionales Gebilde. Stephen Hawking versuchte, diese für uns unvorstellbare Idee, durch einen Vergleich zu veranschaulichen. Man stelle sich die normale Zeit als Breitengrad auf der Erde vor. Nähert man sich einem der beiden Pole (analog dem Urknall), so werden die Breitengrade immer kürzer, bis sie schließlich direkt am Pol auf null schrumpfen. Der Pol scheint dann ein besonderer Ort zu sein. Dies ändert sich aber, wenn man die Längengrade (in Hawkings Theorie die imaginäre Zeitachse) hinzunimmt und eine zweidimensionale Fläche aufspannt. Nun sind die Pole zwei beliebige Orte auf einer Kugel, die lediglich durch die Wahl des Gradsystems ausgezeichnet sind. Dieser mathematische Kunstgriff ermöglichte es den beiden Theoretikern, ein Modell des Universums ohne einen zeitlichen Anfang zu konstruieren. Lediglich in der von uns wahrnehmbaren Welt mit der einen Zeitdimension hätte der Urknall stattgefunden. Anfang und Ende unserer Welt existieren danach also nur deshalb für uns, weil wir die Zweidimensionalität der Zeit nicht wahrnehmen können.

Dies ist eine Erkenntnis, die vergleichbar ist mit der Wahrnehmung der Materieteilchen: Die Wellenform können wir nicht räumlich wahrnehmen, sondern nur mithilfe der Zeit beschreiben. In dem Augenblick, in dem wir die Teilchen „lokalisieren", verlieren sie für uns ihren eigentlichen Charakter, an vielen Stellen zugleich zu sein. Die Wirklichkeit ist also nur zu erahnen oder mathematisch zu berechnen. Von der Wirklichkeit sehen wir immer nur die Projektion oder den Schatten. Nur mithilfe des Geistes ahnen wir, was dahinter verborgen liegt.

Schon das Zeitgefühl scheint eine Abstraktion des Geistes zu einer komplexen Wahrnehmung zu sein. Das hat auch schon Albert Einstein formuliert:

„Wenn wir mit Hilfe einer Uhr jeden Augenblick im Zeitablauf gleichsam numerieren, wenn wir die Zeit als eindimensionales Kontinuum betrachten, so ist das bereits eine Abstraktion". [81]

Der Physiker Markolf H. Niemz (*1964) sieht ein unüberwindbares Hindernis, um das Geheimnis um die Zeit zu lüften:

„Raum und Zeit sind uns angeborene Vorurteile, von denen wir uns nicht befreien können." [82]

Richard A. Muller (*1944) ist Professor für Physik am „Lawrence Berkeley National Laboratory" und hat sich in seinem Buch „Jetzt – Die Physik der Zeit" intensiv mit dem Wesen der Zeit auseinandergesetzt. Er vertritt die These, dass die Zeit in jedem Augenblick neu erschaffen wird und dadurch das „Jetzt" erzeugt.

Der Zeitfluss scheint sich - wie die zunehmende Unordnung (Entropie) im Universum - nur in eine Richtung zu bewegen. Deshalb hat der Astrophysiker Arthur Stanley Eddington (1882 - 1944) die Existenz der Zeit aus der Thermodynamik abgeleitet und damit den

Zeitpfeil erklären wollen. Robert A. Muller hält diese Erklärung nicht für stichhaltig und meint:

„Der Zweite Hauptsatz der Thermodynamik, wonach die Entropie zunimmt, ist eigentlich ein seltsames Gesetz. Er trägt zur Physik nichts anderes bei als die Aussage, dass ein wahrscheinlicheres Verhalten auch mit größerer Wahrscheinlichkeit stattfindet. " [83]

Als Experimentalphysiker, der wissenschaftliche Beweise für erforderlich hält, kommt Muller zu dem Schluss:

„Zu den Theorien, die sich nicht falsifizieren lassen, gehören Spiritualismus, intelligent design, Astrologie und der Zusammenhang zwischen Zeitpfeil und Entropie. " [84]

Muller begründet nun seine Ablehnung der Entropie-These mit einer anderen Hypothese, nämlich der Annahme, dass beim Urknall alle Teilchen noch masselos waren. Die Masse wäre erst danach durch das sogenannte Higgs-Feld entstanden. Erst dann würden sich die Teilchen so verhalten, als wenn sie eine Masse hätten. Im frühen Universum konnte deshalb die Entropie als Maß für die Unordnung noch nicht zunehmen. Wäre die Zeit damit verbunden gewesen, hätte sie stillstehen müssen und das Universum wäre nicht entstanden.

So richtig überzeugt mich das nicht, da zum Zeitpunkt des Urknalls per Definition die gesamte Energie des Universums in maximal verdichteter Form existieren sollte. Masselos bedeutet dann, dass noch keine Materie und Antimaterie entstanden ist. Die Zeit muss es dann in der Tat schon gegeben haben, weil sonst die Energie nicht pulsieren könnte und keine Wellenform besitzt. Im Augenblick des

Urknalls existierte eine noch nicht entfaltete Ordnung, in der alle Anfangsbedingungen wie die notwendigen Naturgesetze, die Beschaffenheit der Energie und die Funktion der Zeit enthalten waren. Das war das Samenkorn unseres Universums vor der noch nicht entfalteten Raumzeit. Physiker nennen das etwas unschön die „Singularität". Im gleichen Augenblick der Entfaltung dieser inneren Ordnung muss mit der Geburt der Raumzeit eine äußere Ordnung entstanden sein.

Unklar ist, wie die Gestalt dieser äußeren Ordnung festgelegt worden ist, d.h. wie die Information darüber codiert wurde. Darüber schweigt sich die Astrophysik aus, da wir es hier mit einem nichtphysikalischen Phänomen zu tun haben. Man redet dann lieber von Anfangsbedingungen und möchte vermeiden, dass dahinter ein Programm bzw. Plan stehen könnte.

Der Urknall hätte sich allerdings nicht nur durch die Elemente Raumzeit und Energie ereignen können, wenn nirgendwo eine Information darüber, wie diese Elemente interagieren sollen, versteckt wäre. Zu den Bausteinen Energie und Zeit kommt dann die Information hinzu. Das mögen unsere Physiker nicht so gerne, da das eher eine geistige Größe ist. Was sind aber dann Naturgesetze? Die lesen sich wie ein Rezept, nach dem sich die Zutaten verbinden oder verhalten sollen. Dabei kommen die meisten Naturgesetze nicht ohne merkwürdige Konstanten aus. Woher stammen dann diese Anweisungen, an die sich alle halten müssen? Diese waren nach dem Inflationsmodell der Astrophysik Teil des Urknalls und entstanden demnach auch nicht zufällig.

Nach den Erkenntnissen der Quantenphysik ist unsere Welt aus dem sogenannten Vakuumfeld entstanden, dass sich nur dann erkennen lässt, wenn sich die dort vorhandenen virtuellen Teilchen polarisieren und paarweise Teilchen und Antiteilchen bilden. Wir wissen heute, dass das im absoluten Vakuum vorhandene Nichts potenzielle Energie in einer unbestimmten Größenordnung enthält. Der Begriff Feld ist eigentlich falsch, da davon nur dann eine Kraftwirkung ausgeht, wenn es besonders angeregt wird. Die bekannten physikalischen Grundkräfte und die Zeit scheinen in diesem Medium neutralisiert zu sein. Wir beobachten hier etwas, dass tatsächlich noch keine Merkmale unserer Raumzeitwelt aufweist. Dieses Medium nutzen wir heute, um beispielsweise gleichzeitig Elektronen und Positronen zu erschaffen. Hier können wir Gott spielen und im sehr kleinen Maßstab einen Urknall erzeugen.

Wenn wir es mit großem Aufwand schaffen, die Antimaterie abzutrennen und zu isolieren, dann haben wir tatsächlich neue Materie erzeugt. 2011 konnte beispielsweise das Forschungszentrum CERN mehrere hundert Antiwasserstoffatome für 17 Minuten bei einem Grad über dem absoluten Nullpunkt (- 273 Grad Celsius) isolieren.

Das Vakuumfeld ist etwas wirklich Mysteriöses und der eigentliche Ursprung von Allem. Wir wissen darüber noch sehr wenig. Aber das, was wir wissen, verrät uns sehr viel über die Wirklichkeit unserer Welt. Es gibt offensichtlich einen Zugang zu einem ursprünglichen Bereich, in dem keine Zeit vergeht und die darin enthaltene Energie noch keine Gestalt angenommen hat.

Wenn Anti-Materie das gleiche ist wie Materie und – wie der Physiker Richard Feynman (1918-1988) vermutet hat – sich davon nur unterscheidet, weil diese Materie sich rückwärts in der Zeit bewegt, dann bedeutet eine Verschmelzung eine Neutralisierung der Zeit. Damit wäre die Polarisierung ein Vorgang, der die Zeit erschafft.

Eine philosophisch interessante Idee, die ich hier noch nicht weiterverfolgen möchte. An dieser Stelle möchte ich aber festhalten, dass dieses Vakuumfeld sämtliche Informationen über die Naturgesetze und die Struktur der Materie und die Zeit enthalten müsste. Damit wären die Anfangsbedingungen des Urknalls definiert. War das nun der Zweck des Vakuumfeldes oder eher ein Unfall? Auch das ist ein Thema für die Philosophie. Ich bleibe aber noch bei der Frage nach dem Ursprung der Zeit und der Antwort, die Robert A. Muller dazu gegeben hat.

Natürlich kann man wie Muller postulieren, dass der Entropie-Prozess erst eintritt, wenn das System faktisch sich selbst überlassen wird und der Anfangszustand aus Materie und Energie definiert ist. Das ist in sich schlüssig, wenn man davon ausgeht, dass sich die anfängliche Ordnung erst einmal entfalten muss. Nur weil die Entropie in Richtung des Zeitpfeils zunimmt, muss das nicht heißen, dass sie auch die Zeitrichtung verursacht.

Robert A. Muller stellt deshalb andere Erklärungsmuster für die Existenz der Zeitrichtung in den Raum:

„Als Ursachen für den Zeitpfeil wurden schwarze Löcher, die Verletzung der Zeitsymmetrie, die Kausalität, die Strahlung, die Psychologie, die Quantenmechanik und die Kosmologie genannt.“ [85]

Im Folgenden bewertet Muller diese Vorschläge und findet doch keine Erklärung für den „Zeitpfeil". Schon Feynman habe nachgewiesen, dass die Strahlungstheorie nicht zwischen Vergangenheit und Zukunft unterscheidet.

Schwarze Löcher könnten für den Zeitpfeil erst dann eine Bedeutung haben, wenn sich nachweisen ließe, dass der größte Teil der Entropie in ihnen verborgen wäre. Aber auch Stephen Hawking hat sich dabei nicht zur Frage, was das „Jetzt" ist, geäußert. [86]

Muller ist der Meinung, dass selbst das Schwarze Loch in unserer Milchstraße aufgrund der relativistischen Raumkrümmung mehrere Milliarden Lichtjahre entfernt ist und deshalb unsere Zeit nicht beeinflussen könnte. [87] Schwarze Löcher sind deshalb nicht geeignet, den Zeitpfeil zu erklären.

Am Beispiel des radioaktiven Zerfalls belegt Muller, dass sich dort die Kausalität und damit eine Ursache-Wirkungsrichtung nur im durchschnittlichen physikalischen Verhalten aber nicht im Einzelnen erkennen lässt. Bei einer bestimmten Form der Radioaktivität konnte zwar ein Unterschied zwischen der vorwärts und rückwärts laufenden Zeit festgestellt werden, dieses „exotische" Phänomen spiele aber für die Frage nach der Zeitsymmetrie keine Rolle.

Am Anfang seines 475-Seiten starken Buches über das „Jetzt" stellte Muller sein Buch nicht ohne Stolz vor:

„Soweit ich weiß, ist dies derzeit das einzige Buch, das gezielt von der Zeit handelt und von einem Physiker geschrieben wurde, der tief in der experimentellen Arbeit steckt." [88]

Sein Ergebnis hat mich allerdings enttäuscht. Er erwähnte zwar schon auf Seite 25, dass manche Fachleute glauben würden, die Zeit sei ein „Teil unseres Bewusstseins und könne sich nie auf die Physik reduzieren lassen", ernsthaft geprüft hat er diese These allerdings nicht. Er stellte aber eine interessante Frage:

„Könnte es dann dennoch einen Zeitpfeil geben, der durch das Leben festgelegt wird? Sorgt irgendetwas dafür, dass wir uns an die Vergangenheit und nicht an die Zukunft erinnern, obwohl die Gesetze der Physik symmetrisch sind?" [89]

Muller erwähnt danach, dass Stephen Hawking sagte: „Die Unordnung nimmt im Laufe der Zeit zu, weil wir die Zeit in der Richtung messen, in der die Unordnung zunimmt." Möglicherweise ist dies der Grund, warum wir die Zeit nicht verstehen? Im Zusammenhang mit dem Wellencharakter des Lichts und der Verschränkung von Photonen und Elektronen, kommt Muller auf das allgemeine Messproblem der Quantenphysik zu sprechen und erwähnt, dass es noch keine „Theorie der Messung" gibt. Robert A. Muller:

„Und in dieser noch nicht formulierten Theorie der Messungen könnte nach Ansicht mancher Physiker der Ursprung der Zeit, ihres Pfeils und ihres Tempos liegen." [90]

Hier hätte Robert A. Muller weiter nachfragen sollen. Das tat er aber nicht, obwohl ihm augenscheinlich klar war, dass es an der Art zu Denken liegen könnte und an unseren Erwartungen, warum wir zwar Wellen beobachten aber nur Teilchen messen. Er verweist auch auf das Postulat der Widerspruchsfreiheit der Mathematik und den darauf aufbauenden digitalen Programmiersprachen. Er kommt aber leider nicht auf die Idee, dass dieses Weltbild der Hauptgrund ist, warum wir die Zeit nicht verstehen. Stattdessen kommt er am Schluss auf eine nach meiner Meinung sehr dürftigen kosmologischen Erklärung.

Muller macht das naheliegende. Einstein hat das Modell einer vierdimensionalen Raumzeit geschaffen, das mathematisch und experimentell gut belegt werden konnte. Die Anwendung auf die nachgewiesene Expansion des Universums seit dem Urknall bedeutet, dass sich der Raum sehr schnell und sogar beschleunigt ausdehnt. Muller interpretiert nun die Ausdehnung der Einstein'schen Raumzeit so, dass sich nicht nur der Raum, sondern auch die Zeit ausdehnt. Das ist logisch. Er schreibt:

„Mit jeder Sekunde fügen wir der Zeit eine neue Sekunde hinzu. Vielleicht sollte man sich den Zeitstrom genauer als eine solche Schaffung neuer Zeit vorstellen." [91]

„In jedem Augenblick taucht neue Zeit auf. Neue Zeit wird genau jetzt erschaffen." [92]

Das würde auch bedeuten, dass sich die Zeit wie der Raum beschleunigt. Da wir die Entfernung in Abhängigkeit von der Lichtgeschwindigkeit messen, würden wir eine Beschleunigung der Zeit wahrscheinlich nicht nachweisen können. Auch der Experimentalphysiker Robert A. Muller hat keine Idee, wie man seine Theorie experimentell belegen könnte. Das Prinzip Hoffnung aber bleibt.

Dieser rhetorische Kunstgriff hat das Phänomen Zeit und die Bedeutung für die Welt, in der wir leben, nicht erklärt. Er sollte nur verhindern, dass wir daraus ein nicht-physikalisches Phänomen machen. Am Schluss seiner Untersuchungen steht Muller tatsächlich mit leeren Händen da. Er könnte eine ständige Beschleunigung der Zeit experimentell auch nicht nachweisen.

Hätte denn eine Beschleunigung der Zeit überhaupt Auswirkungen?

Da davon auch die Lichtgeschwindigkeit betroffen wäre, würde sich unser Bezugssystem weder für die Zeit noch die Entfernungsmessung ändern. Wir würden auch den Takt unserer Atomuhren und Gehirne damit messen und keine Veränderungen feststellen können. Die Frage, was die Zeit so besonders macht und welcher Sinn hinter einem Zeitpfeil stehen könnte, hat sich die Physik nicht gestellt.

Der Schweizer Physiker Nassim Haramein (*1962) hat eine neue Feldtheorie begründet, in der der Raum gewissermaßen Erinnerungsvermögen hat:

„Zeit ist ein Resultat der Speicherfähigkeiten des Raums, was heißt: ohne Speicherung keine Zeit. " [93]

Haramein unterstellt eine Art holografisches Netzwerk, das in jeder Zelle die Gesamtinformation der Entwicklung gespeichert hätte und außerdem eine Projektion einer höheren Dimension wäre.

Künstlich hergestellte Hologramme entstehen mit Hilfe zweier Laserstrahlen. Einer beleuchtet das Objekt und überlagert sich mit dem anderen. Dadurch entstehen Interferenzmuster, die auch die räumliche Information über die Lage der einzelnen Punkte enthält. Wird die Platte dann mit einem Laser bestrahlt, erhält man ein virtuelles drei-dimensionales Objekt, das man von verschiedenen Seiten betrachten kann. Das kann man natürlich nicht anfassen. Man kann das Hologramm zerschneiden und erhält trotzdem ein ganzes Bild – allerdings in einer geringeren Auflösung.

Das Modell eines holografischen Universums ist eine interessante

Idee, die seit einigen Jahren überprüft wird. Dies würde voraussetzen, dass alles miteinander verschränkt ist, keine Information verloren geht und sich das System trotzdem dynamisch weiterentwickelt. Nassim Haramein:

„Das Faktum, dass jeder Punkt die Information aller anderen Punkte in einem holographischen Netzwerk-Informationsfeld enthält, lehrt uns etwas sehr Fundamentales über das Universum: Das Universum ist in allen seinen Beziehungen verschränkt und agiert als EINS.“ [94]

Ich glaube, dass es noch verfrüht ist, dies als „Faktum" zu bezeichnen. Möglicherweise lässt sich dieses theoretische Modell genauso schwer beweisen wie die Multiversum-Theorie der String-Theoretiker. Die klassische Physik wehrt sich weiter gegen dieses Modell. Das Fließen der Zeit müsste dann dazu führen, dass die Information in einem bestimmten Takt mehr wird.

Wenn Lebewesen wie der Mensch mit den Zellen des Universums verbunden wären, müssten wir theoretisch auch Zugriff auf das gesamte Wissen bekommen können. Da sich nur die Information vermehrt und Information keine Energie hat, könnte sich theoretisch der Zeittakt in allen Zellen des Universums in Echtzeit synchronisieren. In gewisser Weise wären dann alle Zellen miteinander verschränkt. Als Medium wäre dann wahrscheinlich das sogenannte Vakuumfeld oder Nullenergiefeld verantwortlich, das auch die Higgs Teilchen nutzen sollen. Bisher geht man von einer eher zufälligen Quantenfluktuation aus. Das muss aber nichts heißen, da es hier um ein energetisches Phänomen geht. Theoretisch ist es möglich, dass alle erschaffenen Teilchen oder Wellenobjekte miteinander verschränkt sind und den Zeittakt im Sinne einer gespeicherten

Ist-Aufnahme des Ganzen gleichzeitig spüren, aber unterschiedlich verarbeiten.

Das kann möglicherweise auch in der kleinsten Zeiteinheit passieren, die wir kennen: Die Planck-Zeit. Die beträgt rund 5×10^{-44} Sekunden. Die Plank-Zeit errechnet sich aus einer sehr merkwürdigen Formel, die drei Naturkonstanten enthält. Danach ist die kleinste mögliche Zeiteinheit etwas, das mit der Gravitation, der Lichtgeschwindigkeit und dem Planck'schen Wirkungsquantum (Verhältnis von Energie und Frequenz eines Photons) zusammenhängt. Dies gibt auch die Erkenntnisse von Einstein wieder, wonach eine veränderte Gravitation und die Geschwindigkeit eines Objekts den Zeitablauf verändert. Einen absolut richtigen Zeitpunkt bzw. Zeitpuls in Form einer kosmischen Uhr, an dem sich alles orientiert, werden wir nicht bestimmen können. Die Planck-Zeit wäre aber in der Tat ein Hinweis, dass es einen kosmischen Taktgeber geben muss, denn sonst wäre das keine Naturkonstante. Im Übrigen hat der Physiker Burckard Heim (1925-2001) sein Welt-Modell auf der Überlegung aufgebaut, dass die Zeit durch eine Art Zell-Automaten erzeugt wird. Darauf gehe ich im nächsten Kapitel ein.

Höhere Dimensionen

Die Idee, dass unsere Welt nur der für uns sichtbare Teil eines höher dimensionierten Universums ist, war in den alten spirituellen Schriften der Menschheit in unterschiedlicher Form ein Ergebnis von „Erleuchtungsprozessen" Einzelner. Oft wurden aber diese Welten als getrennt interpretiert. Die Naturwissenschaften stießen auf die Möglichkeit höherer Dimensionen durch die Weiterentwicklung der euklidischen Geometrie und durch neue mathematische Verfahren.

Am 10. Juni 1854 wurde eine neue mehrdimensionale Geometrie geboren. In der berühmten Probevorlesung, die der Mathematiker Bernhard Riemann vor den Mitgliedern seiner Fakultät an der Universität Göttingen hielt, führte er die Theorie höherer Dimensionen ein. [95] Der Physiker Michio Kaku kommentierte diese Entwicklung folgendermaßen:

"Rasch wurde den Physikern klar, dass ein vierdimensionales Wesen fast gottähnliche Fähigkeiten besitzen müsste".[96]

Die Quantenphysik hat mit dem Paradox von Welle und Teilchen und der Entdeckung der Verschränkung das Tor zu neuen Dimensionen entdeckt. Plötzlich wissen wir, dass oberhalb der Raum-Zeit-Dimensionen eine Welt existiert, in der Informationsprozesse in Echtzeit ablaufen und damit außerhalb der Zeit. Wir schließen einen neuen unendlichen und zeitlosen Raum auf und denken nur an neue Maschinen. Wir erkennen nicht, was dies für unser Verständnis unseres eigenen Lebens bedeuten muss und das die alte Frage nach dem Sinn des Ganzen neu beantwortet werden kann.

Der Physiker Hans-Peter Dürr (1929 – 2014) hat sich mit diesen neuen Wahrheiten intensiv beschäftigt:

„Wir haben ein Konzept des Unendlichen, das wir aber nicht begreifen. Ich kann auf dieses Unendliche von diesem oder jenem Blickwinkel schauen, die scheinbar miteinander im Widerspruch stehen können. Und niemand ist in der Lage, aus allen Blickwinkeln gleichzeitig zu schauen." [97]

In der zweiten Hälfte des 20. Jahrhunderts kehrte der Gedanke an eine Dimension jenseits der Raumzeit wieder in die Physik zurück. Der Physiker John Wheeler (1911 – 2008) stellte fest, dass die Energieniveaus des Universums innerhalb der Planckskala (10^{-35} Meter räumlich und 10^{-44} zeitlich) die uns bekannten Dimensionen der Raumzeit überschreiten. Damit könne die Raumzeit nicht die gesamte Realität des Universums ausmachen.[98] Eine Dimension jenseits der Raumzeit würde nach dem Philosophen Ervin Laszlo (*1932) auch Schrödingers Wellengleichung voraussetzen.[99]

Das Geheimnis Mensch lässt sich wahrscheinlich nur lösen, wenn wir mehr über die multidimensionale Welt, in der wir offenbar leben, erfahren. Viele bislang ungeklärte Phänomene lassen sich wahrscheinlich erklären, wenn wir die Ursachen in einer anderen Dimension nachweisen könnten.

Offenbar haben wir Menschen auch ein Wahrnehmungsorgan für die andere Wirklichkeit. Oft nennen wir das den „7.Sinn", der aus dem Unterbewusstsein heraus dazu beiträgt, anders zu handeln und Dinge anders zu bewerten als unser Verstand. Auch dieser Bereich der menschlichen Psyche lässt sich vielleicht nur erklären, wenn wir andere Dimensionen voraussetzen?

Wir Wesen der Raumzeit sind an unsere Dimensionen gebunden wie ein Strichmännchen auf ein 2-dimensionales Stück Papier. Wenn es mehr als die vier Dimensionen der Raumzeit gäbe, müsste uns das nicht interessieren, denn vorstellen können wir uns das nicht. Erst recht können wir diese Welt nicht wahrnehmen. Trotzdem lässt uns dieser Gedanke nicht los. Woran liegt das? Das liegt nicht nur daran, dass wir freie Geister sind, die Grenzen überschreiten wollen. Das liegt auch daran, dass es eine ganze Menge Phänomene in der Welt gibt, die sich mit einer mehr als vierdimensionalen Wirklichkeit gut erklären ließen.

Der Buddhist Lama Anagarika Govinda (1898 – 1985):

„Es ist unmöglich, derartige Zusammenhänge mit unserer linearen Logik zu erklären, denn Ursache und Wirkung sind, vom Standpunkt des Universums aus betrachtet, mehrdimensional." [100]

Mathematisch können wir eine mehrdimensionale Welt erkunden. Vorstellen können wir uns das eigentlich nicht. Schon ein vierdimensionaler „Hyperwürfel" zeigt, wie komplex solche Körper werden. Statt 12 Kanten wie bei einem dreidimensionalen Würfel besitzt dieser 32 Kanten. Statt 6 quadratischen Flächen auf der Oberfläche haben wir es mit 24 Flächen zu tun. [101]

Das 6-dimensionale Weltbild von B. Heim

In der Geschichte der Physik hat es immer einige Außenseiter gegeben, die die Mainstream-Modelle in Frage gestellt haben. Das hätte
sogar Albert Einstein passieren können, da seine Relativitätstheorie
nicht nur Newton vom Thron stieß, sondern Vorhersagungen ent-
hielt, die alles auf den Kopf stellten und die man für nicht beweisbar
gehalten hatte. Es ist erstaunlich, dass dieser Physiker aus einem
Schweizer Patentamt überhaupt ernst genommen wurde. Heute hat
man noch weniger Chancen, gehört zu werden, wenn man nicht an
einer renommierten Universität einen Lehrstuhl einnimmt.

Der 1925 in Potsdam geborene theoretische Physiker Burkhard
Heim (gestorben 2001 in Northeim) ist so ein Außenseiter gewesen.
Er hatte 1944 durch eine Explosion seine Hände verloren und war
fast erblindet. Trotzdem erwarb er 1954 sein Physik-Diplom am
Max-Planck-Institut in Göttingen bei Prof. Carl Friedrich von
Weizsäcker. 1964 gründete er das „Deutsche Forschungsinstitut für
Kraftfeldphysik und Allgemeine Kosmologie". Im Gegensatz zu
Einstein ging er von einer flachen statt gekrümmten Raumzeit aus.
Die Wissenschaftsgemeinde hat deshalb wenig Notiz von ihm genommen. Seine mathematischen Gleichungen wurden als unver-
ständlich abgelehnt. Einer der Gründe war sicher auch, dass er selten
seine Forschungsergebnisse publizierte und deshalb keine Begutach-
tung (Peer Review) durch andere Wissenschaftler bzw. Wissenschaftlerinnen ermöglichte. Aufgrund seiner Behinderung schrieb
sein Vater seine Gedanken auf: Am Schluss mehr als 8000 Seiten in
dicken Konto-Büchern.[102]

Heim postulierte nicht nur ein 6-dimensionales Universum, das aus einer sich teilenden Raumzelle entstanden sein soll, sondern auch einen 6-dimensionalen Menschen. Nach seinen Berechnungen sollte es auch möglich sein, elektromagnetische Felder in gravitative Beschleunigungsfelder umzuwandeln und dann als Raketenantrieb zu nutzen. Für sehr große Distanzen hatte er vorgeschlagen, das Newtonsche Gravitationsgesetz mit einem Faktor zu ändern.[103] Im Gegensatz zu Einstein hatte er die Gravitation nicht aus der 4-dimensionalen Raumzeitkrümmung abgeleitet sondern aus einem „Energiedichtetensor" der Elementarteilchen. Möglicherweise war er damit einer Vereinheitlichung der Feldtheorien sehr nahegekommen.

Interessant ist, dass Burkhard Heim von zwei zusätzlichen realen Dimensionen ausgegangen ist und nicht von „eingerollten" Dimensionen wie z.B. in der Stringtheorie. Der Physiker Xiaodong Chen (ein Schüler des Mathematikers Roger Penrose) soll festgestellt haben, dass sich das Welle-Teilchen-Paradox der Quantenphysik und die Verschränkung in einem 6-dimensionalen Raum erklären lassen.[104]

Heim hat auch eine interessante Theorie zur Erklärung des Zeitpfeils beigesteuert. Anstelle des Urknalls geht er von einer Art Zellwachstum aus. Eine Urzelle (die er „Metron" genannt hat) würde ihren Raum-Durchmesser in Zeit-Quantensprüngen um einen Längenquant vergrößern.[105] Diese Zellen haben eine Art Erinnerungsvermögen bzw. Bewusstsein. Dadurch entstehen komplexe Ursache-Wirkungsketten in einer Art holografischen Netzstruktur. In Wechselwirkung mit der Raumexpansion würde dann Materie entstehen. Die Expansion kann dann als Trägheitskraft gemessen werden. Das

Universum müsste dann allerdings wesentlich älter sein als 14,8 Mrd. Jahre. Heim nannte die unvorstellbare Zahl 10^{108} Jahre. Dies würde allerdings den heutigen Messungen vollkommen widersprechen.

1981 sollen Wissenschaftler bzw. Wissenschaftlerinnen vom Deutschen-Elektronen-Synchrotron Hamburg (DESY) die komplexe Massenformel von Burchard Heim überprüft haben.[106] Dabei sollen die errechneten Massen und Lebensdauern der 11 Grundzustände der Elementarteilchen mit einer Abweichung um wenige Promille mit den gemessenen Werten übereingestimmt haben.

Heim soll sämtliche physikalischen Felder „geometrisiert" haben. Damit konnte er dann angeblich auch die Naturkonstanten erklären.[107] Sein Modell vom Universum würde auch die Entstehung des Lebens und die Gestaltbildung erklären können. Das Leben könnte dann auf Muster, die sich irgendwo im Universum schon bewährt haben, zurückgreifen. Evolutionssprünge bzw. positive Mutationen könnten dann als Kopien universeller Muster gelten. Dies würde voraussetzen, dass das Netzwerk Universum selbst eine Art Bewusstsein mit Erinnerungsvermögen besitzt.

Auch der Nobelpreisträger Ilya Prigogine (1917 bis 2003) ist von einem 6-dimensionalen Raum ausgegangen. Er hat chaotische Strukturen beschrieben, die nicht-linearen Gesetzen außerhalb eines Gleichgewichts gehorchen und eine neue Ordnung erzeugen können.[108]

Die Wahrscheinlichkeit, dass es wirklich höhere Dimensionen gibt, die wir nicht sehen können, ist sehr groß, wenn man die Indizien zusammenfasst. Einen endgültigen Beweis im naturwissenschaftlichen Sinne wird es wohl nicht geben können, da wir nur drei-dimensionale Werkzeuge und die Zeit nutzen. Im ersten Teil meiner Buchreihe zum „Sinn des Ganzen" habe ich das Thema von der menschlichen Seite her beleuchtet und gezeigt, dass wir über unsere Intuition einen informellen Zugang zu höheren Dimensionen haben und täglich nutzen. Im dritten Teil gehe ich gezielt auf die spirituelle Seite des Menschen ein und stelle die Möglichkeiten dar, wie wir das sogenannte Jenseits erforschen können. Außerdem diskutiere ich darin die vielen Nahtoderfahrungen, die belegen könnten, dass unser Geist nach dem Tod unseres Körpers sich in einer anderen nicht-materiellen Dimension aufhalten kann. Eine Dimension, in der es anscheinend auch keine Zeit gibt. Die heutigen Erkenntnisse der Physik geben viele Hinweise darauf, dass es höhere Dimensionen geben muss, in denen eine Kommunikation über große Entfernungen in Echtzeit ablaufen.

Gibt es ein holografisches Universum?

In der Geschichte der Menschheit gibt es viele Erzählungen über spirituelle bzw. mystische Erlebnisse einzelner Menschen. Der Kern dieser Erlebnisse beschreibt eine ganzheitliche Erfahrung unserer Wirklichkeit in unserem Inneren. Das ist erst einmal ein rein subjektives Erlebnis, das durch die spezifische Persönlichkeit und die jeweilige Kultur relativiert wird. Dabei werden die Natur, das Universum und die eigene Persönlichkeit oft als Einheit erlebt. Es gibt viele ritualisierte Techniken, um in diesen Bewusstseinszustand zu gelangen. In der Geschichte haben diese „Erleuchtungsprozesse" im

Einzelnen auch zur Bildung von spirituellen Gemeinschaften und sogar zur Geburt weltweiter Religionen geführt.

Die innere Erfahrung der Einheit der Welt wird als Mystik bezeichnet. Die äußere Erfahrungsmethode nennen wir Wissenschaft. Die Professorin Renée Weber von der Princeton-Universität hat Interviews durchgeführt, um eine Begegnung von Quantenphysik und Mystik zu ermöglichen und die Unterschiede herauszuarbeiten.

Der Theoretische Physiker David Bohm (1917-1992) vermutete hinter unserer realen Welt eine „implizite Ordnung", in der materielle und geistige Prozesse eine Einheit bilden und hat vorgeschlagen, unsere Welt als „multidimensional" zu begreifen. [109] Ausgangslage seiner Überlegungen sind Erkenntnisse über das sogenannte Vakuumfeld, das der eigentliche Ursprung der uns bekannten Materie ist. Ein Kubikzentimeter dieses Feldes soll mehr Energie besitzen als die gesamte Materie unseres Universums. Bohm geht von einem „quantisierten Informationsfeld" aus, das dem Atom seine Signatur verleiht.[110] In der impliziten Ordnung wäre die Zeit noch nicht vom Raum getrennt. Die Zeit entspringt einem zeitlosen Zustand.[111] David Bohm:

„Man mag sich die implizite Ordnung als einen Basisgrund jenseits der Zeit denken, eine Totalität, aus der heraus jeder Augenblick in die explizite Ordnung projiziert wird ... wenn sich die explizite Ordnung in die implizite Ordnung einfaltet, die keinen isolierten Ort besitzt, sind alle Orte und Zeitpunkte miteinander verwoben." [112]

David Bohm geht - wie viele andere Wissenschaftler und Wissenschaftlerinnen - davon aus, dass das Ganze mehr ist als die Summe seiner Teile. Der Grund wird in der Systemtheorie darauf zurück geführt, dass die Wechselbeziehungen zwischen den einzelnen Teilen und die dadurch verursachten Informationsübertragungen eine qualitative Veränderung erzeugt. Dadurch kann das System selbst agieren und reagieren, wie dies alle biologischen Systeme tun. Objektiv ist eine Unterscheidung zwischen Ursache und Wirkung in Bezug auf die einzelnen Teile nicht mehr möglich und auch nicht sinnvoll. Bei unbelebten Einheiten kann das Gesamtsystem in einen Gleichgewichtszustand geraten, den man dann messen kann. Die Einheiten beeinflussen sich durch Rückkopplungsprozesse gegenseitig. Ein schönes Beispiel sind Heizkörperthermostate, die als Sensor mit der Heizung gekoppelt sind. Dadurch erfolgt eine ständige Anpassung der Ist-Werte an die Soll-Werte. Ein Prinzip der Selbstorganisation. Von außen erscheint dieser dynamische Vorgang einer ständigen Rückkopplung als Konstante. Wenn ich diesen Rückkopplungsmechanismus nicht kennen würde, hätte ich den Eindruck beim mehrmaligen Messen der Raumtemperatur, dass diese in natürlicher Weise eine Konstante ist. Wir wissen nicht, ob die Naturkonstanten, die wir messen, nicht auch das Ergebnis eines selbst organisierenden Systems mit Rückkopplungsschleifen sind.

Je mehr Einzelteile ein System hat, umso schwieriger wird es sein, diese Prozesse zu erkennen. Um Aussagen über das Verhalten eines Systems machen zu können, müsste man den Raum definieren, in dem sich die Teile bewegen und man müsste wissen, welche Eigenschaften die einzelnen Teile besitzen. Das mag in einem abgeschlossenen System mit gleichen Gasatomen und einer durch die Temperaturverteilung bedingten unterschiedlichen Bewegungsenergie, mit statistischen Methoden noch beschreibbar sein. Entropie ist dann ein Maß für die Qualität der in einem System befindlichen Energie. Die Voraussagen der Thermodynamik lassen sich in diesem abgegrenzten Fall deshalb als Gesetz formulieren. Die Unordnung des Systems und damit die Entropie kann dann nur zunehmen.

Wenn ich allerdings davon ausgehe, dass die Teile eines Systems Informationen austauschen und dadurch Rückkopplungsprozesse auslösen können, dann wird das ganze kompliziert. Wenn ich das Universum als Ganzes betrachte und sogar noch annehme, dass die Teile eine Art Erinnerungsvermögen oder sogar ein zielgerichtetes Bewusstsein besitzen, dann kann ich nur noch Wahrscheinlichkeiten aufgrund von nicht-linearen Beziehungen abschätzen.

Bei den bisherigen Betrachtungen unseres Universums wurden mehrere Randbedingungen unterstellt. Hypothetisch kann man dies vereinfachend tun, um ein berechenbares Modell zu erhalten. Wir wissen nicht wirklich, wie groß dieses System ist. Wir wissen auch nicht, wie und warum sich die Raumzeit ausdehnt. Wir unterstellen, dass sich die Menge an Energie seit dem Urknall nicht verändert und die Naturgesetze gleichbleiben, obwohl die Schwarzen Löcher ständig Energie und Information mit unbekannter Größe erzeugen und vernichten. Wir erkennen, dass das Universum für uns ein offenes und weitgehend unbekanntes System ist, das sich mit großer Wahrscheinlichkeit nur verstehen lässt, wenn wir mehr als 4 Dimensionen unterstellen. Es ergibt deshalb Sinn, auch Weltmodelle in den Prüfungsprozess einzubeziehen, die mit dem jetzigen Standardmodell nicht übereinstimmen.

Der Zukunftsforscher und Wissenschaftsjournalist Stephan A. Schwartz:

„Die Anomalien häufen sich, bis es schließlich so viele geworden sind, dass nicht nur die jeweils angepeilte Theorie, sondern das dahinterstehende Paradigma selbst in Frage steht." [113]

Wenn man sich die heutigen Erkenntnisse zu den vielen Schwarzen Löchern anschaut, dann muss man unweigerlich den Eindruck bekommen, dass diese als Verbindungen zu einer höher-dimensionierten Welt gedeutet werden könnten. Die Ursachen für die Regeln und die Dynamik im Universum sind dann möglicherweise dort zu suchen, wo wir sie nicht direkt erforschen können. Es ist daher nicht auszuschließen, dass die Schwarzen Löcher eine Art Linsensystem darstellen, um unsere dimensionsreduzierte Welt zu steuern. Das könnte analog wie eine Videokamera funktionieren. Dort wird ein dreidimensionales Bild in ein zweidimensionales Abbild verwandelt. In einer analogen Kamera bekamen wir tatsächlich 2-dimensionale Bilder in Form eines Films. Heutige Kameras liefern sogar eindimensionalen Computercode, der bei der digitalen Umsetzung später den Eindruck einer bewegten drei-dimensionalen Welt vermittelt.

Es ist nicht verwunderlich, dass einige Wissenschaftler bzw. Wissenschaftlerinnen auf die Idee gekommen sind, unser Universum als ein dynamisches Hologramm zu deuten. Die Idee ist auch deshalb nicht so abwegig, weil Berechnungen des sogenannten Ereignishorizonts der Schwarzen Löcher den Eindruck vermitteln, hier wäre eine Dimensionsreduktion nachweisbar.

Der Systemtheoretiker Ervin Laszlo (*1932) deutet das Universum konsequent als ein verschränktes quantenähnliches System und schreibt:

„Die fundamentale Realität ist nicht Materie, sondern Energie, und die Naturgesetze sind keine Regeln für mechanistische Interaktion, sondern „Anweisungen" oder „Algorithmen", die Energiemuster verschlüsseln. Die Welt besteht aus Clustern stehender und fortschreitender Wellen." [114]

Ervin Laszlo hat die Erkenntnis der Quantenphysik, dass die von uns beobachteten Teilchen als Wellenfelder interpretiert werden müssen, zur Grundlage genommen. Diese Wellenformen oder Cluster sollen darüber informiert sein, nach welchen Regeln sie sich entwickeln können. Laszlo vermutet, dass dahinter eine „kosmische Intelligenz" wirkt. Die Vielfalt der Materieformen würde sich dann durch die Art der Schwingungsstruktur erklären lassen. Dies hat die Stringtheorie ähnlich beschrieben. Laszlo unterstellt allerdings weitergehend auch bewusstseinsähnliche Strukturen, die ähnlich verschränkt sind wie materielle Teilchen. Die Theorie vom holographischen Universum wurde 1980 von David Bohm ins Gespräch gebracht. Auch Ervin Laszlo geht von einer holografischen Struktur des Universums aus:

„Das 3D-Universum, das wir beobachten, ist die Projektion eines holographischen 2D-Codes von der Peripherie der Raumzeit ... Schwarze Löcher scheinen ebenso wie der Kosmos, als Ganzes betrachtet, holographisch zu sein." [115]

Laszlo sieht auch, dass der Nachweis eines holografischen Universums nicht so leicht zu leisten ist. Bislang gibt es Indizien, aufgrund fraktaler Strukturen, die auf ein vergleichbares System hinweisen. Deswegen sieht er sein Bild vom Universum wie andere auch als Arbeitshypothese:

„Zurzeit ist der Gedanke, dass die Tiefendimension ein Hologramm sein könnte, und die Dinge, die wir in Raum und Zeit beobachten, ihre Projektion, noch eine Hypothese. Gleichwohl ist diese Hypothese durchaus plausibel, denn sie erklärt den verschränkten, nonlokalen Charakter physikalischer ebenso wie bewusstseinsmäßiger Phänomene im Universum." [116]

Information und Entropie

Die Naturwissenschaften haben sich noch nicht der Aufgabe gestellt, ihre materialistische Weltsicht zu hinterfragen, obwohl die Physik heute belegt, dass hinter oder in der Materie nicht nur Energie, sondern auch Information wirkt.

Information ist die Gegenkraft zum Chaos. Was ist aber eigentlich Information? In der heutigen Informationsgesellschaft wird viel darüber geredet, ohne das Wesen von Information zu verstehen.

Information ist die Grundlage allen Seins. Information ist nie ohne Motiv und nie ohne Ziel. Die Grundlage unserer Welt können wir durch Regeln und Beziehungen beschreiben. Die Regeln sind teilweise nicht-linearer Natur. Die Kraft, die hinter dem Chaos steht, schafft eine gleichförmige Bewegung aller gegen alle. Jedes Element kämpft gegen das nächste Element in der Nähe und verliert Bewegungsenergie. Jedes Element hat eine andere Richtung und damit eigene Ziele. Am Schluss verlieren alle und erstarren zur Bewegungslosigkeit. Die Physik hat für diesen Prozess das schwer verständliche Wort „Entropie" eingeführt. In geschlossenen Systemen werden damit wahrscheinliche Entwicklungen in Richtung Unordnung vorausgesagt. Wir müssen uns dann nicht mehr darüber wundern, dass eine heiße Tasse Kaffee irgendwann abkühlt, weil Wärme an die Tasse und dann an die Luft abgegeben wird. Entropie ist also etwas, das wie selbstverständlich zu unserer Erfahrung gehört. So hat beispielsweise noch nie jemand erlebt, dass sich in einem Keller die Ordnung von selbst wiederherstellt.

Das Chaos findet immer einen Weg. Die so genannte „Brownsche Molekularbewegung" findet auch in unserer Gesellschaft statt. Das Ziel ist die Auflösung von Strukturen und Beziehungen. Dabei wird konzentrierte zielgerichtete Energie zur ungerichteten Kraft. Alles wird gleich, aber auch gleich kraftlos. Alles wird bestimmt unbestimmt. Nicht mehr unterscheidbar und beschreibbar.

Energie ist physikalisch nur wirksam, wenn sich das Positive vom Negativen getrennt hat. Nur so entsteht Materie als eine Form von Energie. Materie ist - wie wir seit Einstein wissen - nur eine Energieform, die wir besonders gut wahrnehmen können, weil sie die Raumzeit schafft. Den größten Teil der Energie im Kosmos können wir nicht messen, aber wir ahnen heute, dass da mehr sein muss: die „Dunkle Energie" und die „Dunkle Materie". Sie machen ca. 96% des Kosmos aus und wir wissen fast nichts darüber.

Vielleicht wissen wir nichts darüber, weil diese Energie in sich selbst ruht und sich nicht gespalten hat. Es gibt noch kein Negativ und kein Positiv, kein Chaos und keine Ordnung, keine zielgerichtete Kraft und keine Gegenkraft. Dieser Teil des Kosmos ist anscheinend kein Teil unserer Raumzeit. Die Frage ist: „Noch nicht oder nicht mehr?"

Neben der ungerichteten Kraft des Kosmos haben wir zum Glück auch eine andere Kraft, die zielgerichtet wirkt. Diese Kraft möchte Beziehungen herstellen, harmonisieren. Diese kosmische Kraft erzeugt Strukturen und Ordnung und wirkt dem Chaos entgegen. Diese Kraft wirkt mit dem Mittel der Information.

Information ist aber keine Energieform. Information hat einen

Sinn, eine Bedeutung und Ziele. Geist ist geballte Information. Jede Information hat auch eine Beziehung zu einer geistigen Kraft. Diese äußert sich in Regeln, zielgerichteten Anregungen und Bewertungen. Information kann Energie und damit natürlich auch Materie lenken. Ohne Information kann sich nichts bewegen. Jede Bewegung hat ihren Ursprung in der Information.

Gleichgerichtete Bewegung wirkt als Kraft. Wenn Lichtteilchen (Photonen) durch Information stark ausgerichtet werden, entsteht eine neue Qualität: Laserlicht. Gebündeltes Licht wird in der Natur oft für die Informationsübertragung genutzt, aber es ist nicht das eigentliche Medium für natürliche Informationsprozesse. Diese laufen in Echtzeit, d. h. gleichzeitig ab.

Information ist ein Phänomen, das auch ohne die Nutzung von Zeit und Raum funktioniert. Dies lässt sich z. B. an den „verschränkten Photonen" zeigen. Für den menschlichen Betrachter sieht das dann so aus, als wenn das eine Teilchen immer sofort „weiß", in welchem Zustand sich das andere mit ihm verbundene Teilchen befindet. Die Informationsprozesse laufen gleichzeitig also in Nullzeit ab. Bei diesem Prozess ist es egal, wie weit die Teilchen voneinander entfernt sind. Das gleiche kann man mit Elektronen zeigen.

Auch Materie kann bestimmte Informationen enthalten, die besondere Wirkungen erzeugen. Wir können diese Informationen leider noch nicht „auslesen", da wir weder das Trägermedium noch die Sprache kennen. Wir können aber Wirkungen beobachten.

Wenn ich z. B. ein Katalysatorelement wie Platin in einen Abgasstrom aus Stickoxiden halte, dann werden diese Verbindungen getrennt, ohne dass sich das Katalysatorelement verbraucht. Die meisten chemischen Prozesse laufen nur unter Anwesenheit dieser scheinbar unbeteiligten Stoffe kontrollierbar ab. Katalysatoren sind der Beweis dafür, dass Informationsprozesse überall ablaufen. Verstehen können wir diese Prozesse bisher allerdings noch nicht. Materie kann also auch der Träger von Informationen sein und dann damit genutzt werden. Wie ein Zettel, auf den man ein Wort schreibt, das auf denjenigen wirkt, der das Wort versteht. „Am Anfang war das Wort" (Altes Testament).

Wir dürfen nur nicht den Fehler machen, zu glauben, es gäbe nur Briefe, wenn sie durch einen sichtbaren Briefträger ausgetragen werden. Früher konnten zwischen Menschen tatsächlich nur Informationen über Boten verschickt werden, wenn eine gewisse Entfernung überbrückt werden musste und die eigene Stimme zur Informationsübermittlung nicht mehr ausreichte. Wir Menschen haben viele Formen der Informationsübermittlung über größere Entfernungen erfunden (wenn wir verlässliche telepathische Möglichkeiten gehabt hätten, dann hätte es diese vielleicht nicht geben müssen). Da entstanden z. B. spezielle Sprachen wie das Pfeifen auf den Kanarischen Inseln oder die Rauchzeichen und das Trommeln der Indianer. Sprachen haben aber den Nachteil, dass Sender und Empfänger gleichzeitig und in einem räumlichen Zusammenhang kommunizieren müssen. Dies gilt auch für das Morsen oder das Winken mit Flaggen. Auch nonverbale Informationen setzen voraus, dass sich diejenigen, die miteinander kommunizieren, auch in räumlicher Nähe befinden.

Die Erfindung der Schrift und von Symbolen war eine Möglichkeit,

Information zu speichern und über Raum und Zeit hinweg zu transportieren. Heute wissen wir, dass es viele Informationsmedien gibt, die wir nutzen können und wir haben gelernt, dass der Bote und die Information zwei völlig verschiedene Dinge sind. Vor diesem Hintergrund kann ich meine Persönlichkeit auch als eine Wolke von Gedanken bezeichnen, die bestimmte Erfahrungen abbilden. Erfahrungen sind gespeicherte Informationen von Handlungen und Ereignissen. Werden diese tatsächlich nur im biochemischen Bereich des Gehirns gespeichert? Sind diese Informationen verloren, wenn das Gehirn sich auflöst? Auf dieses Thema komme ich später noch zurück.

Die Voraussetzung von Kommunikation ist eine Vereinbarung über die Bedeutung einzelner Informationen. Information ist grundsätzlich codiert. Wenn ich die Übersetzung nicht kenne, dann verstehe ich auch nicht, was gemeint ist. Selbst bei der einfachsten digitalen Informationseinheit – dem Bit aus 0 und 1 – gilt das. Ich muss die Programmiersprache kennen, erst dann sehe ich, was die Botschaft bedeutet. Das gilt erst recht für die Maschinensprache, in der einem Computer gesagt wird, was er tun soll.

Wenn ich sagen würde: „7", kann niemand etwas damit anfangen. Wenn ich aber vorher eine Liste von 10 Befehlen verteilt habe, kann jeder der diese Liste hat und die Befehle versteht, entsprechend reagieren (oder entscheiden, dies nicht zu tun…).

Das Wesen von Information

Wir haben uns angewöhnt, von Informationseinheiten zu sprechen und die kleinsten Einheiten als „Bits" zu bezeichnen. Unsere Computersysteme basieren auf einer Kombination von vielen digitalen Bits, die entweder 0 oder 1 enthalten (bzw. „an" oder „aus" bzw. „ja" oder „nein"). Mit diesem einfachen Sprachsystem können wir heute schon viele unglaubliche Dinge programmieren.

Wenn wir uns die Materie ansehen, dann kann man natürlich sagen, dass dort auch ein dualistischer Charakter erkennbar ist: Materie oder Antimaterie, Positiv oder negativ geladene Teilchen. Komplizierter wird es allerdings, wenn wir uns die eigentlichen Elementarteilchen, die Quarks und ihre Kombinationsmöglichkeiten anschauen. Dann ist die binäre Struktur dahin und wir haben auch Dreierkombinationen.

Was Information genau ist, kann uns physikalisch niemand sagen, da sie nicht nach dem Energiegehalt oder dem Gewicht bewertet werden kann. Information ist aber neben der Energie (die sich auch in Form der Materie zeigt) ein wichtiges Element im Mikro- und Makrokosmos. Energie dehnt sich aus und Information richtet aus und hält zusammen. Das eine erzeugt Chaos und das andere die Ordnung. Ohne eine strukturierende Kraft gebe es wahrscheinlich nur ein sich ausdehnendes und abkühlendes Energiemeer.

Information äußert sich z. B. als Regel, wie Materie-Bausteine sich untereinander verhalten sollen. Energie zeigt sich nur deshalb in Form der Materie, weil die Einheit von Abstoßung und Anziehung, Plus und Minus, aufgelöst wurde. Durch Anregung des „Nichts" durch Beschuss mit schnellen Elementarteilchen entstehen Paare von neuen Teilchen wie Elektronen und Positronen, Protonen und Antiprotonen (aus dem Tao entstehen Ying und Yang). Unsere Welt existiert also nur, weil das harmonische Feld sich zu einem geringen Teil in ein disharmonisches Feld verwandelt hat.

Eine einheitliche Energiemasse kennt nur eine Regel: unendliches Sein. Die Teilung in widerstreitende Kräfte verlangt nach einer neuen Regel, damit sich Plus und Minus („Gut" und „Böse"?) nicht sofort gegenseitig auslöschen, wie es Teilchen und Antiteilchen tun würden. Die neue Regel nennen wir „Raum". Damit bekommt jedes Teil einen eindeutigen Platz oder zumindest einen Aufenthaltsraum zugewiesen. Wir nennen das ein Naturgesetz. Alle müssen sich daranhalten. Dieses System kann wie ein Bild erhalten bleiben oder ständig verändert werden, indem neue Informationen zu neuen Strukturen führen. Jede kleinste Veränderung kann aber dazu beitragen, dass alles verändert werden muss.

Es ist wie ein Spiel in 3D. Die Anzahl der Bausteine nimmt dabei im gleichen Verhältnis zu, wie ich die harmonischen Zustände im Energiefeld zerstöre. Der Informationsaufwand wird immer größer, je mehr Teile ich erzeuge. Die Struktur-Möglichkeiten steigen, wenn mehr unterschiedliche Teile erschaffen werden.

Ein Beispiel: Viele kennen das Magnetspiel „Super-Mag". Wenn ich nur magnetische Stäbe habe, kann ich nur zwei-dimensionale Gebilde zusammensetzen. Die zusätzlichen Kugeln ermöglichen eine drei-dimensionale Struktur.

Wie viele Grundbausteine haben wir nun im Kosmos zur Verfügung und was könnte man damit zusammensetzen? Die Antwort auf diese Frage können wir gegenwärtig nur mit unserem Standard-Atommodell geben. Da haben wir leider einen etwas unübersichtlichen „Teilchenzoo". Wie schon beschrieben, sind die meisten Teilchen instabil und haben eher eine historische Bedeutung (z.B. kurz nach dem Urknall). Eigentlich sind es nur 2 Quarks und die Elektronen, die die stabile Materie in ihrer Vielfalt entstehen lassen. Hinzu kommen noch die Botenteilchen, nämlich die Gluonen und Photonen. Diese Teilchen sind die Träger der eigentlichen Informationen, die den Kernbausteinen und der Elektronenhülle sagen, was zu tun ist.

Die Physik tut so, als wenn sie das Wunder der Materie damit erklären könne. Damit wird der Bote als Ursprung der Information betrachtet. Das wäre so, als wenn ich den Briefträger für den Briefeschreiber halten würde. Wir sehen, was die Information bewirkt. Aber interessant ist doch auch, wo die Information herkommt und warum und wie sie verschickt wurde.

Was ist das Wesen von Information? Information selbst ist keine Form der Materie oder Energie. Aber ohne Information bleibt Materie leblos. In Informationsprozesse ist Materie bzw. Energie immer eingebunden.

Was macht aber einen Informationsprozess aus? Welche Elemente sind notwendig, damit Informationen Wirkungen erzielen? Mit diesen Fragen beschäftigt sich die Informatik. Das ist die Wissenschaft von der systematischen Verarbeitung von Informationen. Wir leben zwar in einer „Informationsgesellschaft", aber über die Rolle der Information in Natur und Kosmos gibt es noch keine allgemein akzeptierte Theorie. Grundsätzlich lassen sich folgende Elemente eines Informationsprozesses beschreiben:

- **Sender:** will den Zustand des Empfängers verändern.
- **Ziel:** Was soll bewirkt werden?
- **Medium:** Wie wird Information übertragen?
- **Code:** Welche Form hat die Information?
- **Informationsgehalt:** Wird der Sinn verstanden?
- **Reaktion:** Nutzt der Empfänger die Information?
- **Feedback:** Sendet der Empfänger ein Signal?

Wenn Information zweck- und zielgerichtet ist, dann unterstellen wir normalerweise, dass dahinter ein intelligenter Geist steht. Das Geistige mag die Physik aber nicht, deshalb spricht man lieber von Kräften. Wie erwähnt, gibt es in unserem physikalischen „Teilchenzoo" des Mikrokosmos verschiedene Boten-Teilchen. Zwischen den Elektronen werden z. B. ständig Photonen ausgetauscht. Dies soll dann auch die „schwache Wechselwirkung" erzeugen. Die „Starke Wechselwirkung" wird z. B. durch einen Austausch von „Bosonen" beschrieben.

Dabei muss man den Boten immer von der Information unterscheiden, die dieser transportiert. Wir machen den Briefträger auch nicht verantwortlich für das, was in einem Brief steht. Wir sehen im Augenblick nur, dass es diese Boten gibt. Wir wissen aber nicht wirklich, welche Informationen übertragen werden. Es scheinen aber sinnvolle Informationen zu sein, denn sie erzeugen stabile Atome, die sich teilweise mit anderen zu Molekülen verbinden und auch komplexe lebendige Strukturen ermöglicht haben. Der Informationsfluss erscheint für uns als ein kosmisches Regelwerk, mit Naturkonstanten und interessanten Veränderungen von Strukturen. Während die Entropie den Weg zum Einfachen weist, scheinen diese Informationen das Komplexe zu bevorzugen, als würde dahinter ein planender Geist stehen.

Bislang gibt es keine Informationswissenschaft der Natur bzw. des Universums, obwohl die Informationsprozesse mit ihrer Wirkung beobachtet und beschrieben werden und man sogar die Informations-Boten identifiziert hat. Die Physik geht dogmatisch davon aus, dass im Makro- und Mikrokosmos nur zufällige Prozesse ablaufen und es keine zielgerichtete Ursache gibt. Dann müsste man auch Motivforschung betreiben und die Sinnfrage stellen und die historische Arbeitsteilung zwischen Wissenschaft und Philosophie bzw. Theologie aufkündigen. Damit würde jede Naturwissenschaftlerin bzw. jeder Naturwissenschaftler seine Reputation in Frage stellen. Es gibt nur wenige Persönlichkeiten aus unserem Wissenschaftsbetrieb, die diese Grenze überschritten haben.

Der Quantenphysiker Anton Zeilinger (*1945) schrieb dazu folgendes:

„Da es offenbar keinen Unterschied zwischen Wirklichkeit und Information geben kann, können wir sagen: Information ist der Urstoff des Universums.“ [117]

Bisher scheinen die meisten Physiker bzw. Physikerinnen von diesem „Urstoff" wenig bemerkt zu haben. Information lässt sich nicht messen, weil es keine Energieform darstellt. Informationsprozesse sind aber die Ursache für Wirkungen, die wir beobachten können. Über die Art der Codierung und dem Medium wissen wir noch nichts. Solange die Physik diese Prozesse als „geistige" Vorgänge interpretiert und sie nicht für möglich hält, wird man auch nicht danach suchen.

Der Physiker Lee Smolin (*1955) leitet aus den Informationsprozessen und der Speicherung von Ereignissen auf subatomarer Ebene die Entwicklung der Zeit ab:

„Jedes Ereignis ist in die Geschichte des Universums durch Relationen zu anderen Ereignissen verwoben, die ausdrücken, welche Ereignisse eine Ursache von welchen anderen sein können ... Das Universum besteht aus nichts anderem als Perspektiven auf es selbst, und die Gesetze wirken so, dass diese Perspektiven so unterschiedlich wie möglich werden." [118]

Die Entwicklung von Vielfalt ist dann nach Smolin nicht nur das Ziel lebendiger Systeme, sondern auch schon ein Prinzip der materiellen Welt, die nach geistigen Prinzipien aufgebaut ist.

Der Theoretische Physiker Jean E. Charon hat sich auch intensiv mit dem beschäftigt, was wir hinter den materiellen Prozessen erkennen können. Er hat den Prozess der ständigen Neubildung von Elektronen seit der Geburt des Universums als einen wachsenden geistigen Raum interpretiert, der sich parallel zur Entwicklung der Materie gebildet hat. Seine Darstellung löst auch noch das Problem des Verbleibs der Antimaterie. Die gleichzeitig mit den negativen Elektronen gebildeten positiven Positronen sollen von den Neutronen eingefangen worden sein. Daraus entstanden Protonen R^+. Als freie Teilchen blieben die Elektronen und Antineutrinos übrig. Dabei sollen auch die geistigen Eigenschaften der Positronen erhalten werden. Der Geist bildete sich also in einem komplementären Prozess und behält seine Dualität bei. Die Fähigkeit zur Reflexion, Erkenntnis und Entscheidung beruht auf dieser Einheit der Widersprüche. Damit wird die dialektische Wesensart geistiger Prozesse auf der materiellen Ebene der Elementarteilchen begründet. Damit hier Reflexionsprozesse stattfinden können, muss eine Speicherung von vergangenen Prozessen möglich sein. Da alle Elektronen ursprünglich aus einem Elektronen-Positron-Paar entstanden sind, muss man eine quantenmechanische Verschränkung unterstellen. Dies bedeutet, dass alle Elektronen und Positronen Informationen in Echtzeit austauschen können. Grundsätzlich ist dann alles in der Welt irgendwie miteinander verbunden. Jean E. Charon fasst sein theoretisches Modell unserer Welt wie folgt zusammen:

„Vom Standpunkt der Logik aus betrachtet, scheint also alles dafür zu sprechen, dass der Geist in zwei stabilen, sich geistig ergänzenden Erscheinungsformen auftritt, nämlich als Elektron und als (gewöhnlich das Proton ‚bewohnendes‘) Positron, und dass daher auch die Funktionen dieser beiden Teilchen in der Evolution des Geistes sich komplementär ergänzen.“ [119]

Im Folgenden möchte ich ein paar Beispiele für Informationsprozesse in der materiellen Welt beschreiben. Wir haben häufig eine dermaßen materialistische Weltsicht, dass wir viele mysteriöse Dinge um uns herum gar nicht wahrnehmen oder uns über die Hintergründe keine Gedanken machen wollen.

Mysteriöse Informationsübertragung

Katalysatoren

Ein Katalysator ist ein Stoff, der die Reaktionsgeschwindigkeit einer chemischen Reaktion beeinflusst, ohne dabei selbst verbraucht zu werden. Katalysatoren kommen in der Natur in vielfältiger Weise vor. In Lebewesen laufen fast alle lebensnotwendigen chemischen Reaktionen katalysiert ab. Die verwendeten Katalysatoren sind meistens bestimmte Eiweiße (Enzyme).

Aber auch in mehr als 80% aller chemischen industriellen Prozesse werden Katalysatoren eingesetzt. Ihre Wirkungsweise kann bislang nicht überzeugend erklärt werden.

Ein Beispiel: Würfelzucker lässt sich nicht ohne Weiteres mit einem Streichholz anzünden. Benetzt man das Würfelzuckerstück aber mit Zigarettenasche, brennt es nach einem erneuten Zündversuch mit bläulicher Flamme. Hier wirkt die Asche als Katalysator.

Die Katalysatorstoffe senden offensichtlich Informationen aus, die von anderen Stoffen verstanden werden. Die dadurch informierte Materie verhält sich dann teilweise vollkommen anders.

Schickt man z. B. Stickoxide im Abgasstrom eines Autos an Platin vorbei, dann wird der Stickstoff vom Sauerstoff getrennt. Wir nutzen dieses Phänomen, aber erklären können wir es noch nicht. Vielleicht wollen wir das auch nicht, weil wir dann ja von Informationsprozessen in der Natur sprechen müssten.

Torsionswellen

Manchmal werden Entdeckungen gemacht, weil sich eine menschliche Routine geändert hat. So war es, als der russische Astrophysiker Nikolai Kosyrew (1908 – 1983) zwar die Stahlkappen seiner Sternwarte schloss, aber vergessen hatte, seinen Detektor auszuschalten. Trotzdem hatte das System einen Sternenhimmel aufgezeichnet. Dieser sah allerdings anders aus als sonst. Er hatte Sterne aufgezeichnet, deren errechnete Position der heutigen Zeit entsprach. Die Strahlung, die sein Detektor gescannt hatte, wurde durch Stahl nicht abgeschirmt. Es konnte sich also nicht um eine elektromagnetische Welle handeln. Diese Strahlung wurde aber durch einen Aluminiumschirm in die Messapparatur reflektiert, in der ein Wolframfaden eine Widerstandsänderung registrierte.

Da diese Strahlung durch die Drehung von Teilchen oder Körpern entstehen soll und Information praktisch in Echtzeit überträgt, hat man sie „Torsionswellen" genannt. In Russland soll sogar ein Gerät entwickelt worden sein, mit dem Torsionsfelder künstlich hergestellt werden, um sie besser untersuchen zu können. [120] Die Erforschung der Torsionswellen ist noch ganz am Anfang. Schon jetzt zeigt sich, dass damit Informationen von einem Medium zu einem anderen übertragen werden können und sich Materialeigenschaften verändern lassen. Torsionswellen können aber auch negative Zell-Effekte und Krankheiten verursachen.

Bisher sind diese „Torsionswellen" begrifflich nur bei Schallwellen, die sich in stabförmigen Festkörpern ausbreiten können, ein Thema der westlichen Forschung geworden. Aufgrund von Torsionsschwingungen soll beispielsweise die Tacoma-Narrows-Brücke im

US-Bundesstaat Washington wenige Monate nach ihrer Eröffnung 1940 eingestürzt sein. Seitdem werden Modelle einer neuen Brücke vorher im Windkanal getestet, um diese Resonanzwirkungen ausschließen zu können. Der Wellen-Charakter dieses Phänomens ist noch nicht vollkommen verstanden worden. Bei Kosyrew handelt es sich wahrscheinlich um ein anderes physikalisches Phänomen, das aber auch mit Drehschwingungen und Resonanzen zu tun hat.

Homöopathie

Der Begründer der Homöopathie, Samuel Hahnemann, hat Medikamente entwickelt, die auf einem einfachen Grundsatz aufbauen: „Ähnliches werde durch Ähnliches geheilt".

Substanzen, die bei gesunden Menschen vergleichbare Symptome hervorrufen können wie die Krankheit selbst, werden in starker Verdünnung verabreicht. Nach festgelegten Abläufen werden diese Stoffe durch „Verschütteln" mit dem Lösungsmedium immer weiter verdünnt. Von Homöopathen wird dies „Potenzieren" genannt, weil sie glauben, dass die Wirkung dadurch verstärkt wird.

Es ist unbestritten, dass die starken Verdünnungen bei der Herstellung der homöopathischen Präparate statistisch gesehen dazu führen, dass kaum ein einziges Molekül der Ausgangssubstanz noch in der Flüssigkeit enthalten ist. Das entspricht ungefähr dem Auflösen einer Kopfschmerztablette im Atlantik. Trotzdem sind die Potenzen wirksam.

Offensichtlich wurde die Information des Stoffes mit diesem Verfahren vom eigentlichen Stoff getrennt. Die Wirkung der Homöopathie erinnert an die Wirkung überlagerter Wellen gleicher Frequenz aber in der Phase verschoben. Dadurch wird die Wirkung der einen Welle durch die andere ähnliche Welle ausgelöscht.

Im Meer ist dieser Effekt gut zu beobachten. Wenn die Phasenverschiebung aber nicht perfekt ist, dann kann das Gegenteil entstehen. Dann werden die Wellenberge größer.

Die Homöopathie lässt sich grundsätzlich damit erklären, dass die ursprüngliche krankmachende Welle in gespiegelter Form zurückgeschickt wird. Dies würde aber auch bedeuten, dass viele Krankheiten durch nichts anderes zu erklären wären als durch disharmonische Schwingungszustände im „Energiekörper" des Menschen. Bisher ist es den Naturwissenschaften aber noch nicht gelungen, dieses menschliche „Feldphänomen" zu messen und zu beschreiben.

Unsere Wissenschaft will dieses Phänomen bislang nicht akzeptieren, obwohl die Homöopathie von den meisten privaten Krankenkassen bezahlt wird. Wissenschaftliche Experimente scheinen darauf hinzudeuten, dass es sich hier nur um einen Placebo-Effekt handelt. Homöopathische Präparate sollen aber auch bei Tieren wirken. Da kann ein Placeboeffekt ausgeschlossen werden.

Der wissenschaftliche Streit wird sicher erst beendet, wenn die Information bzw. Wirksamkeit direkt gemessen werden kann. Das Problem mit dem Nachweis der Wirksamkeit haben aber auch klassische medizinische Methoden und Medikamente. Hier wird nach heutiger Kenntnis ein Placeboeffekt von etwa 40% unterstellt. Jetzt werden gezielt Techniken entwickelt und optimiert, um die Selbstheilungskräfte bewusst zu nutzen.

Grander-Wasser

Die österreichische Firma „Umwelt-Vertriebs-Organisation" vertreibt seit 1991 die sogenannte Grander-Technologie und ist insbesondere im europäischen Raum aber auch in Südamerika, Afrika und Nahost - aktiv. Mittlerweile gibt es Hunderttausende von Anwendern der Grander-Technologie im privaten, gewerblichen und industriellen Bereich. Besonders beeindruckend sind die Anwenderberichte aus der Industrie.

Die Grander-Technik ist eine Technologie der Informationsübertragung und vielleicht vergleichbar mit den Phänomenen Torsionsfelder, Homöopathie und Katalysator. Es wird dem Wasser eindeutig nichts Stoffliches zugesetzt und auch nichts entnommen. Nach Durchlauf durch ein Grander-Gerät soll z. B. die Selbstreinigungskraft des Wassers verstärkt und die Lösungskraft erhöht werden können.

Der Aufbau der Grander-Geräte ist relativ einfach. In einem Edelstahlbehälter befindet sich in abgeschlossenen Kammern das so genannte „informierte Wasser", das nach einer geheim gehaltenen Methode hergestellt wird. Das Wasser aus dem Wasserwerk fließt dann in der normalen Geschwindigkeit daran vorbei. Das hört sich eigentlich nicht so an, dass dadurch eine Wirkung erzielt werden könnte. Angeblich soll durch das Grander-Gerät die innere Struktur des Industriewassers so verändert werden, dass es vergleichbare Eigenschaften wie eine sprudelnde Bergquelle bekommt (hört sich gut an. Ist aber kaum zu glauben...).

Im Internet gibt es viele Berichte zu unterschiedlichen Anwendungen. Am häufigsten wurden die Grander-Geräte im Hotelgewerbe eingebaut. Trotzdem gibt es eher ablehnende Meldungen in den Medien, da es dazu bisher keine echten naturwissenschaftlichen Erklärungen gibt.

Das hat uns nicht daran gehindert, die Sache selbst auszuprobieren. Meine Frau hatte die Initiative ergriffen, weil eine Ärztin sie am Rande eines Gesprächs über das Grander-Wasser informiert hatte. Bei der Präsentation durch einen regionalen Grander-Verkäufer hatte ich noch ein Gefühl des Misstrauens. Er hat uns aber durch einen einfachen Test überzeugt: Man presst eine Zitrone aus und teilt den Saft auf zwei Gläser auf. Ein Glas stellt man auf ein Grander-Gerät und das andere etwas davon entfernt. Nach ein paar Minuten macht man die Trinkprobe. Während der normale Zitronensaft - ohne Zucker - fast ungenießbar ist, schmeckt der „Grander-Zitronen"-Saft frisch und fruchtig. Ein Erlebnis, das man nicht glauben mag. Ein anderer Test zeigte, dass Seife und Grander-Wasser stärker schäumen als beim unbehandelten Wasser.

Im Jahr 2002 haben wir uns deshalb auch ein Grander-Wasserbelebungsgerät eingebaut und anschließend einige Versuche damit gemacht. Besonders beeindruckend war der Versuch mit einem Strauß Rosen, den ich in zwei Teile aufgeteilt habe. Einmal in "belebtem" Wasser und einmal in normalem Wasser. Der Unterschied war nicht zu übersehen. Die „Grander-Rosen" waren symmetrisch aufgeblüht und sahen richtig gut aus. Die Rosen im normalen Wasser blühten asymmetrisch auf und bekamen schnell braune unansehnliche Flecken.

Dies war natürlich nur ein Experiment, um den Unterschied besonders deutlich zu machen. Für den Alltag kam es auf etwas anderes an. Erfreulich ist, dass wir keine Probleme mehr mit Kalkablagerungen haben. Unsere Armaturen, Edelstahlwaschbecken und Kaffeemaschine sahen früher nach einer Woche immer furchtbar aus. Nur mit stark säurehaltigen Mitteln konnten wir den Kalk unter Kontrolle bringen. Jetzt reinigen sich die meisten Geräte schon fast selbst. Wenn man allerdings den Kalkgehalt mit dem entsprechenden Teststreifen misst, dann hat sich nichts verändert.

Sehr wichtig ist noch ein anderer Effekt: Früher musste ich mich nach dem Duschen immer eincremen, da die Haut sehr trocken wurde. Auch das ist seit fast 20 Jahren vorbei. Und noch etwas hat sich geändert: Tee und Kaffee schmecken einfach großartig. Das hat auch schon eine Nachbarin festgestellt, die den gleichen Tee und ebenfalls das gleiche Wasser nutzt. Im Büro hatte ich die gleiche Kaffeemaschine und den gleichen Kaffee wie zu Hause verwendet. Aber dort schmeckte mir der Kaffee überhaupt nicht, sodass ich mir immer Kaffee mitgenommen hatte.

Es gibt noch andere Wirkungen, die wir aber nicht exakt verglichen haben. Das betrifft den Einsatz von Waschmitteln und die Tatsache, dass unsere Pflanzen hervorragend wachsen. Das Erstaunlichste ist aber, dass die Wirkung des Grander-Gerätes auch nach Jahren nicht nachlässt. Wissenschaftlich gesehen eine Unmöglichkeit.

Termiten

Ein interessantes Beispiel aus der Natur sind die staatenbildenden

Termiten. Sie können vieles, was man früher nur den Menschen zugeschrieben hatte. An den Termiten lässt sich das Phänomen Schwarmintelligenz vielleicht erforschen.

Wenn wir mehr über das „Schwarmwesen" Mensch erfahren wollen, müssen wir in der Natur nach Vorstufen suchen und dort die Grundlagen erforschen. Erst wenn wir die verstanden haben, macht es Sinn, das wesentlich komplexere System Mensch erklären zu wollen.

Ein Termitenstaat besteht aus Millionen einzelner Termiten, die sich aber gemeinsam wie ein Lebewesen verhalten. Auch unser Körper besteht aus vielen einzelnen Wesen, die außerhalb des Systems nicht überlebensfähig wären, da sie hoch spezialisiert sind und nur Teile der Aufgaben für das Gesamtsystem erledigen. Schauen wir also mal genauer hin und machen einen kleinen Abstecher in die Biologie. Was können wir da schon über uns lernen?

Die Termiten haben eine Vorliebe für Holz. Weil sie dem Holz «ein Ende bereiten», wurden sie von den Römern «Termes» genannt. Sie ernähren sich von der Zellulose und vom Lignin toter Bäume und heruntergefallener Blätter. Als Verdauungshilfe haben sie sich Geißeltierchen zugelegt, die in ihrem Enddarm leben und dort das unverdauliche Pflanzenmaterial in wertvolle Nahrung verwandeln. Als der Mensch noch durch die Savannen streifte, kannten sich die Termiten offenbar schon mit Ackerbau und Viehzucht aus und waren schon längst sesshaft geworden.

Termiten sind eng mit den Schaben verwandt, und trotzdem verwechselt man sie mit den Ameisen. Sie bauen monumentale Wohnburgen mit raffinierter Klimatechnik, die menschliche Ingenieurkunst bescheiden erscheinen lassen. Könnten wir uns ein Haus bauen so groß wie das Matterhorn, mit Raum für die Einwohner z. B. Hamburgs? Und das Haus bliebe dank integrierter Klimaanlage inklusive optimierter Sauerstoffversorgung und Kohlendioxidbeseitigung immer behaglich? Und das sogar in Wüstengebieten.

So etwa bauen die afrikanischen Großtermiten, die ihre gegen zwei Millionen Köpfe starken Völker in bis zu sieben Meter hohen Zementburgen unterbringen. Die für das Bauwesen zuständigen Arbeiter sind nur wenige Millimeter groß.

Auf einer Art Kompost lassen die Termiten spezielle Pilze wachsen, welche die Zellulose mit Hilfe von Enzymen aufschließen und den nur in geringen Mengen vorhandenen Stickstoff anreichern. So entsteht eine vitaminreiche und stark eiweißhaltige Kraftnahrung. Aus diesen Pilzgärten holen sich die jungen Arbeiter laufend die weißen Pilzköpfchen und füttern damit den Nachwuchs. Diese Kost mag uns zwar als etwas einseitig erscheinen, aber die Termiten sind genügsam.

Die „Königin" und ihr „Gemahl" werden laufend mit Speisebrei gefüttert. Im Gegensatz zu anderen sozialen Insekten wie Ameisen, Bienen oder Wespen führen die Termiten keinen Frauenstaat, wo nach der Begattung die Männchen überflüssig sind. Vielmehr sucht sich ein Paar nach dem „Verlobungsflug" eine Erdspalte, „verheiratet" sich dort und produziert in jahrzehntelanger Zweisamkeit ein Riesenvolk. Hierzu gibt es im Zentrum des Termitenhügels eine steinharte Kammer mit nur wenigen, kleinen Löchern. Darin ruht in lebenslanger Gefangenschaft das Paar: Ein nur zentimetergroßer König liegt eng bei seiner Königin, deren Unterleib zu einer monströsen Wurst gewachsen ist. Die Königin ist eine Art Gebärmaschine, die alle zwei bis drei Sekunden ein Ei legt und in etwa zwanzig Jahren einige hundert Millionen Nachkommen liefert (auch der menschliche Körper produziert ständig neue Zellen, die die alten abgestorbenen Zellen ersetzen).

Der Stoffwechsel der Termiten und die Pilzgärten produzieren viel Wärme und Feuchtigkeit und erzeugen ein Netzklima von 30 Grad Celsius mit einer Luftfeuchtigkeit zwischen 96 und 99 Prozent. Wo die eigene Feuchtigkeit nicht ausreicht, holen sich die Termiten zusätzliches Wasser aus dem Untergrund - in Wüstengebieten hat man unter Termitenbauten bis zu 40 Meter tiefe «Brunnenschächte» gefunden.

Diese Beschreibung ist schon beeindruckend genug. Das eigentliche Wunder ist aber die Tatsache, dass das Millionen-Volk anscheinend von der Königin auf bislang unbekannte Art dirigiert wird. Wer mehr über „Die Seele der weißen Ameise" erfahren möchte, sollte einmal das Buch des südafrikanischen Naturforschers und Schriftstellers Eugène N. Marais lesen, das schon 1956 in Berlin erschienen ist. Marais schildert dort in einer angenehm einfachen und bildhaften Sprache, wie er zu seinen Erkenntnissen gekommen ist. Er belegt, dass der Termitenstaat ein eigener Organismus ist, und vergleicht die blinden Arbeitertermiten mit den Roten Blutkörperchen und die Soldatentermiten mit den weißen Blutkörperchen. Der Termitenstaat kann vielleicht als eine Vorstufe höherer Tierarten und des Menschen angesehen werden. An Termitenhügeln hat Marais eine Art „psychologische Fernwirkung" studiert, die etwa einen Umkreis von 10 Metern erreicht und auch durch Metallplatten nicht abgeschirmt werden kann. [121] Eine Königin kann deshalb sogar mehrere Termitenhügel kontrollieren.

Tötet man die Königin, so hören alle Termiten sofort mit ihrer jeweiligen Tätigkeit auf. Die Königin ist sozusagen der Sitz der Seele des Termitenstaates, die alles zusammenhält. Wie werden aber die Millionen von Einzellebewesen über ihre Aufgaben informiert? Das ist die spannende Frage. Wenn z. B. Arbeitertermiten eine Art Brücke bauen, dann treffen sich die Arbeitertrupps in der Mitte, um den Bau zu vollenden. Die Arbeiter sind blind. Selbst wenn zwischen die beiden Anfänge der Brücke eine Metallplatte gehalten wird, wird die Brücke an der richtigen Stelle von den Termiten zusammengeführt. Es ist jetzt aber nicht so, dass die Termitenburgen immer gleich aussehen, also ein Bauplanprogramm abläuft. Auch das wäre schon schwer zu verstehen. Ohne die Annahme eines „Informationsfeldes" lässt sich das, was wir da in einem Termitenhügel erleben können, nicht begreifen. Ein Termitenstaat ist deshalb ein lohnendes Objekt, um mehr über die „Seele" zu erfahren, die anscheinend als organisierendes und Ordnung schaffendes Prinzip in allen Lebewesen wirkt. Meines Wissens ist dieses Thema bei den professionellen Insektenforschern bislang nicht gezielt untersucht worden.

Intuition und Verstand

Natürlich haben wir noch kein einheitliches naturwissenschaftlich begründetes Weltbild, weil die Physik sich immer noch weigert, den mehrdimensionalen Wellencharakter der Elementarteilchen zu akzeptieren und die durch die Verschränkung ermöglichten Informationsprozesse zu erkennen. Die bisher bekannten Fakten zeigen, dass unser Universum programmähnliche Strukturen besitzt und nicht das Ergebnis reiner Zufälle sein kann. Um die Makro- und Mikrowelt verstehen zu können, benötigen wir eine physikalische Theorie der Information, die auch die Zeit erklärbar macht. Es gibt sehr viele neue theoretische Modelle, die bei dieser Entwicklung sehr hilfreich sein können und möglicherweise auch experimentell beweisbar sind. Diese sollten vorurteilsfrei geprüft werden, um eine neue Antwort zur Krise der Physik zu finden.

Dies kann ein wichtiger Beitrag zur Neu-Orientierung der Menschheit sein. Wenn wir erkennen, dass wir ein Teil des Ganzen sind und unbewusst Teil eines lebendigen Netzwerks, dann werden wir auch die Verantwortung für unseren Teil der evolutionären Entwicklung übernehmen können. Das Bild, das wir uns vom Universum machen, kann große Auswirkungen darauf haben, welches Selbstverständnis wir von uns selbst bekommen.

Ich habe schon darauf hingewiesen, dass Albert Einstein in seiner Relativitätstheorie die Gravitation mit der Existenz einer vierdimensionalen Welt erklärt. Das Bild mit dem Strichmännchen, das eine dreidimensionale Faltung seiner zweidimensionalen Welt als Kraftwirkung verspüren muss, rufe ich hier in Erinnerung.

Fangen wir also noch einmal bei einem Blatt Papier an. Mein Strichmännchen fühlt sich in seiner Welt sichtbar wohl und ahnt nichts von seinem Schöpfer aus der höheren Dimension. Es kennt keine Höhe, und wenn ich es in ein Viereck ohne Tür einsperre, dann gibt es kein Entrinnen. Mein Männchen sieht überall Begrenzungen und ahnt nicht, dass ich aus der Höhe in das Viereck hineinschauen kann. Ich könnte sogar einen Radiergummi nehmen und das Kerlchen in seinem geschlossenen „Raum" verschwinden lassen und beliebig an anderer Stelle wieder zum Erscheinen bringen. Wenn ein Strichmännchen auf einem Blatt Papier herumläuft, dann wird es schnell an die Grenzen stoßen. Herunterfallen könnte es nicht, da der Aufenthalt in der „Tiefe" genauso unmöglich ist wie die Erkundung von Höhe.

Wenn ich mir das Ganze jetzt mal auf einer Kugel vorstelle, dann ändert sich für das Männchen nur eins: Es gibt keine wahrnehmbare Aktionsgrenze mehr. Das Männchen könnte unendlich wandern, ohne an Grenzen zu stoßen. Es gäbe keinen Anfang und kein echtes Ende.

Albert Einstein hat dieses Modell in unsere Welt übertragen und die Raumkrümmung postuliert. Damit konnte er die Gravitationskraft durch eine mehrdimensionale Geometrie erklären. Die Idee einer Theorie der höheren Dimensionen hatte - wie erwähnt - der Mathematiker Bernhard Riemann, der die höheren Dimensionen sogar berechenbar gemacht hat. Einen Punkt in einem vierdimensionalen

Raum kann man danach mit zehn Zahlen in einer Matrixform beschreiben. In einem dreidimensionalen Raum reichen bekanntlich 3 Zahlen aus.

Ich komme aber noch einmal auf das Bildliche zurück. Wie ich von dem Viereck auf einen Quader bzw. Würfel komme, das ist noch ganz leicht. Überall dort, wo ich rechte Winkel vorfinde, male ich die Höhe ein. Das könnte ich auch als Gittermodell basteln. Zur 4.Raumdimension geht es genauso weiter. An jeder Ecke entsteht die neue „Höhe". Leider unvorstellbar. Mathematisch ist das aber kein Problem.

Ich versetze mich nun in die Rolle eines dreidimensionalen Strichmännchens. Wenn ich mich in einen Würfel ohne Türen und Fenster einschließen lassen würde, wäre es mir nicht mehr möglich hinauszukommen. Sehen könnte mich auch niemand mehr. Für ein Wesen aus der 4. Dimension (+ Zeit = 5.Dimension) wäre ich aber weiterhin sichtbar. Nicht nur das. Dieses Wesen könnte mich gleichzeitig von allen Seiten und von innen sehen. Mathematisch können wir mehr als 4 Dimensionen erkunden. Vorstellen können wir uns das nicht.

Die vielen Nahtoderfahrungen zeigen allerdings, dass es diese mehrdimensionale Welt tatsächlich gibt. Es ist eine höhere Dimension, die nicht „eingerollt", sondern mit unserem Bewusstsein erfahrbar ist. Seit jeher hat die Menschheit diese Welt „Jenseits" genannt. Etwa 4 Prozent der Menschheit hat sich als Gestorbene ein Bild davon machen können. Dank der modernen Medizintechniken wurden sie wieder in unsere Raumzeit zurückgeholt. Seit etwa 50 Jahren werden diese Erlebnisse wissenschaftlich ausgewertet. Viele Menschen sehen hierin nur subjektive Berichte, aber keine objektive Beschreibung des Jenseits und glauben auch nicht an die Möglichkeit der Wiedergeburt. Häufig verhindert die eigene Religionszugehörigkeit, sich überhaupt mit diesen Themen zu beschäftigen. Natürlich setzt das voraus, dass unser Geist den Tod unseres Körpers überleben kann. Im dritten Teil meiner Trilogie zum Sinn des Ganzen gehe ich auf die neuen Erkenntnisse detailliert ein.

Eines vorweg: Diese lassen sich mit der neuen physikalischen Wirklichkeit gut erklären. Wir müssen uns damit anfreunden, dass es nicht nur unsere Raumzeitwelt gibt. Das sogenannte Nichts beschreibt heute als Vakuumfeld bzw. Nullenergiefeld eine andere reale Welt, mit der unsere Welt verschränkt ist. Eine Welt, die möglicherweise nur mit sechs Dimensionen beschreibbar wäre.

Wenn unsere Welt eine Reduktion oder Projektion einer mehrdimensionalen Welt ist, dann ist es sehr wahrscheinlich, dass wir als geistige Wesen, die aus Information und Materie bestehen, auch mehr als 4-dimensional aufgebaut sind. Mein Eindruck ist, dass wir geistig gleichzeitig in der Raumzeit und in dieser höher-dimensionalen Welt existieren. Diese beiden Persönlichkeiten bilden die zwei Seiten unseres Ichs. In der Psychologie nennt man den eigentlichen Kern „Selbst". Das ist in gewisser Weise der Teil von uns, der uns ständig über die Schulter schaut und unsere Entscheidungen vor dem Hintergrund eines eigenen Wertesystems bewertet. Für mein Modell ist diese Definition allerdings nicht brauchbar.

In Anlehnung an die Quantenphysik nenne ich den Teil von mir, der sich noch nicht gänzlich in der Raumzeit manifestiert hat und gewissermaßen eine zeitlose Variante meiner Persönlichkeit ist, mein „Wellen-Ich". Dieses befindet sich in einer höher-dimensionierten Welt und bezeichnet das gesamte Potenzial meiner Entwicklungsmöglichkeiten. Das „Wellen-Ich" kennt alle vergangenen Lebensabschnitte und auch die Aufgaben, die ich mir für dieses aktuelle Leben gestellt habe. Mein Ich der Raumzeit nenne ich „Punkt-Ich". Wie ein gemessenes Lichtteilchen, ist es eine Auswahl aus meinem „Wellen-Ich" und an Raum und Zeit gebunden.

Das 3-dimensionale „Punkt-Ich" ist also das Ergebnis der Aktivitäten des mehrdimensionalen „Wellen-Ichs". Wir sind in gewissen Maßen eine dimensionsreduzierte Projektion unseres Selbst. Das höhere Selbst wüsste dann zwar, was wir gegenwärtig tun und könnte unser Handeln vielleicht auch beeinflussen. Unser niedrigdimensionales Ich kann aber die höheren Dimensionen nicht bewusst, sondern nur intuitiv erforschen. Wir bekommen wahrscheinlich Aufgaben gestellt, aber wissen nicht wofür und wozu. Der Verstand wird dies nicht begreifen können. Unsere Intuition vermittelt uns aber ein Gefühl dafür, ob wir auf dem richtigen Weg sind. Voraussetzung ist, dass wir uns gestatten, der Intuition zu vertrauen. Voraussetzung ist auch, dass wir lernen, die Intuition von unseren Instinkten zu unterscheiden. Das hat bei mir mehrere Jahrzehnte gedauert.

Es gibt offensichtlich ein Informationsmedium, das unabhängig von unserer Raumzeit funktioniert. Am deutlichsten sehen wir das bei verschränkten Elementarteilchen, mit denen wir Experimente machen können. Es könnte also sein, dass alle Atome des Kosmos miteinander kommunizieren oder Informationen über ihre Aufgaben erhalten. Theoretisch kann jede Zustandsänderung eines Atoms auf solche Prozesse zurückzuführen sein. Die Gründe kennen wir nicht. Hier tut sich im wahrsten Sinne des Wortes eine neue Dimension für die Physik auf.

Theoretische Physiker wie Prof. Michio Kaku aus New York haben sich umfangreich mit „Wellenfunktionen" beschäftigt. Diese sollen alle möglichen Zustände eines Teilchens beschreiben können. Auch unser „Wellen-Ich" ist ein Ausdruck aller unserer Möglichkeiten jenseits von Zeit und Raum. Das „Punkt-Ich" kann dieses Potenzial nur erahnen und nur einen kleinen Teil der Möglichkeiten zur Entfaltung bringen. Im Unterschied zum Wellen-Ich kann das Punkt-Ich aber auch diesen kleinen Teil verändern. Ohne das Punkt-Ich aus unserer Raumzeit kann das Wellen-Ich sich nicht weiterentwickeln. Das Wellen-Ich kann aber neue Lebensziele definieren und sich über die Intuition und das Gewissen bemerkbar machen. Unser Wellen-Ich können wir aber aufgrund der Dimensionsunterschiede nicht direkt wahrnehmen.

Prof. Michio Kaku hat sich auch darüber mal Gedanken gemacht:

"Wenn es mir irgendwie gelänge, meine eigene Wellenfunktion zu sehen, würde sie einer Wolke ähneln, die weitgehend die Form meines Körpers aufwiese. Doch ein Teil der Wolke würde sich über den gesamten Weltraum ausbreiten, wenn die Werte dort auch verschwindend klein wären." [122]

Schwierigkeiten hatten die Physiker und Mathematiker lange Zeit mit der Frage nach den Gründen für die Stabilität von Wellenfunktionen. Man hatte immer geglaubt, dass bei einer Überlagerung von

Wellen sich diese gegenseitig bis zur Auslöschung beeinflussen können. Damit wären Teilchen nur isoliert voneinander überlebensfähig.

Schon 1965 haben aber die Mathematiker Diederik Korteweg (1848-1941) und Gustav de Vries (1866-1934) rechnerisch beweisen können, dass Wellenfunktionen in einem nichtlinearen Medium selbst bei einem Zusammenprall ihre Identität behalten. Diese Wellen hat man „Solitonen" genannt. Als erster hatte übrigens diese eigenartige Wellenart der Physiker John Scott Russell (1808-1882) im Jahr 1834 beschrieben. Er ritt mehrere Kilometer an einem Kanal entlang und wunderte sich, dass eine Wasserwelle sich nur unwesentlich in ihrer Form veränderte. In einem großen Wassertank hat er dann in Versuchen die Stabilität bestimmter Wellenformen beobachten können. Seitdem sind auch andere Arten von Solitonen in der Natur in festen und flüssigen Medien nachgewiesen worden (z.B. Tsunamis).

Das besondere an den Solitonen ist, dass sie sich nur in nicht-linearen Medien entwickeln können und eine Art Gleichgewicht zwischen verschiedenen Frequenzen und Wellenlängen herstellen. In Glasfaserringen sind heute schon Lichtwellen erzeugt worden, die etwa 200 Millionen Kilometer stabil blieben und mit deren Hilfe riesige Informationsmengen im Terrabit-Bereich (Billarden Bits pro Sekunde) faktisch verlustfrei übertragen werden konnten. Die Nichtlinearität des Mediums verhindert dabei das eigentlich erwartete Zerfließen der Wellenpakete. Die Wellen können sich auch durchdringen, ohne sich gegenseitig zu zerstören. Die moderne Physik wäre also in der Lage, dem menschlichen Ich eine Wellenfunktion zuzuordnen, die sogar außerhalb der Raumzeit existieren könnte.

Die Physik hat den Geist in der Materie neu entdeckt und ist auf Informationsprozesse gestoßen, die wir vielleicht bald nutzen werden, ohne sie zu verstehen. Vielleicht erkennen wir bald, dass wir mit allem um uns herum Informationen austauschen, ohne es zu merken.

Der Biochemiker Rupert Sheldrake (*1942) hat verschiedene Phänomene in unserer Alltagswelt beschrieben, die auf Informationsprozesse hinweisen und mit einfachen Methoden experimentell untersucht werden sollten. Beispielsweise scheinen Hunde zu wissen, wann ihre Besitzer heimkommen. Tauben finden seltsamerweise immer ihren Weg nach Hause. Wie machen die das? Die Organisation eines Termitenlebens sei ebenfalls ein gutes Forschungsobjekt. Das Gefühl, angestarrt zu werden, könnte genauso wissenschaftlich untersucht werden, wie die Erfahrungen von Phantomgliedmaßen. Ebenfalls interessant findet Sheldrake die gezielte Untersuchung des sogenannten Experimentator-Effekts, bei dem die Erwartungen Auswirkungen auf das Ergebnis haben können. 1994 hatte Sheldrake sein Buch über „Sieben Experimente, die die Welt verändern könnten" veröffentlicht.[123] Bis heute hat sich offensichtlich die Wissenschaftsgemeinde mit diesen Alltagsfragen nicht beschäftigen wollen. Weil man Angst vor den Ergebnissen hat?

Nicht nur bei den Tieren, sondern auch bei uns Menschen gibt es viele noch unerklärte Phänomene. Vor langer Zeit gab es sogar einmal einen Lehrstuhl für Parapsychologie eines Prof. Hans Bender

(1907-1991) in Freiburg. Er beschäftigte sich allerdings hauptsächlich mit Spukphänomen, von denen die meisten manipuliert worden sein sollen. Heute gibt es in Freiburg nur noch einen privat finanzierten Verein, der sich „Institut für Grenzgebiete der Psychologie und Psychohygiene (IGPP)" nennt. Eine echte Grundlagenforschung zu Informationsprozessen in der Natur sucht man vergebens, obwohl die Quantenphysik durch die Entdeckung der Verschränkung ein weites Feld geöffnet hat.

Wenn der menschliche Geist auf subatomarer Ebene seine Entsprechungen hat, dann können auch dort Informationen außerhalb von Raum und Zeit übertragen werden. Vieles deutet darauf hin, dass ein Teil unserer eigenen Geisteswelt in diesen subatomaren Bereich hineinwirkt.

Das Hauptproblem ist dabei die Übersetzung in die begrenzte Welt des Verstandes. Da mein Verstand nicht beurteilen kann, welche wirkliche Bedeutung andere Menschen und deren Verhalten in einem größeren Zusammenhang haben können, muss ich respektvoll mit ihnen umgehen. Die beste Strategie ist dabei sicher, andere Menschen so zu behandeln, wie man gerne selbst behandelt werden möchte. Dies bedeutet z. B. eine Abkehr von jeglicher Gewalt. Wir müssen damit rechnen, dass das, was wir säen, von uns auch irgendwann geerntet werden muss. Jegliches Verhalten kann zum Bumerang für uns selbst werden!

Das Wichtigste ist also, das Vertrauen in die Weisheit unseres höheren Selbst zu gewinnen und auf unsere Intuition zu hören. Nur so erfahren wir, welche Aufgaben gegenwärtig für uns wirklich wichtig sind. Darauf sollten wir uns konzentrieren und nicht permanent ablenken lassen. Der Spaß am Leben kommt dabei nicht zu kurz. Es wäre aber am Ende unseres Lebens fatal, wenn wir erkennen müssten, dass wir unsere eigentliche Lebensaufgabe für diesen Abschnitt noch gar nicht begonnen haben...

Meine Philosophie vom Wellen-Ich und Punkt-Ich besteht aus der inhaltlichen Verknüpfung von drei Erkenntnissen aus sehr unterschiedlichen Wissensbereichen, die ich zusammenfassend hier darstellen möchte.

Die erste Erkenntnis betrifft die psychische Natur von uns Menschen. Wir sind die einzige Tierart auf der Erde, die einen freien Willen mit bestimmten Freiheitsgraden besitzt und die eigenen Grenzen überschreiten darf und sogar muss. Grenzüberschreitung gehört zu unserem inneren Programm. Das macht uns leider auch zu den ewig Unzufriedenen. Wir müssen für das, was wir tun und für das, wofür wir uns entscheiden, selbst die Verantwortung tragen. Unsere Intuition und unser Wertsystem leiten uns dabei in eine bestimmte Richtung. Jeder Mensch scheint sich dabei besondere Lebensziele und -aufgaben für einen Lebensabschnitt gesetzt zu haben.

Experimentelle Ergebnisse der Gehirnforschung können auch so interpretiert werden, dass unser Geist keine Funktion unseres Gehirns ist, sondern das Gehirn wie ein Radioempfänger nur eine Art Übersetzungsarbeit leistet. Die intensiv untersuchten Nahtod-Erfahrungen sind ein Indiz dafür, dass unser Geist in Bezug auf die Raumzeit unsterblich ist. Unser eigentliches Ich kann anscheinend in einer höheren Dimension als materie- und zeitunabhängiges Bewusstsein existieren. Unser höher-dimensionales Ich kann aber mit unserem

Ich-Bewusstsein in unserer Raumzeit kommunizieren. Dies kann aber nicht in Form einer linearen Sprache geschehen, sondern nur in Form eines „Raumgefühls", das einen Teil der Intuition bestimmt.

Die zweite Erkenntnis betrifft die Struktur unserer Welt und was die Astrophysik, die Quantenphysik und die Biologie darüber heute zu wissen glaubt. Danach leben wir offenbar in einer erschaffenen Welt, in der auch Zufälligkeiten ihren Platz haben. Das kann man wissenschaftlich eine „nichtlineare Simulation" nennen. Philosophisch könnte man auch sagen, dass Gott seine Schöpfung sich selbst überlassen hat, um sie zu testen und sich selbst entwickeln zu lassen. Evolution und Schöpfung schließen sich nicht gegenseitig aus, sondern ergänzen sich sinnvoll.

Die dritte Erkenntnis betrifft die Bedeutung der Raumzeit und ihre Wirkung vor dem Hintergrund einer mehr als 4-dimensionalen Welt. Licht-Teilchen bzw. -Wellen können Informationen mit großer Wahrscheinlichkeit auch außerhalb der Raumzeit speichern und übertragen.

Mein Modell eines Wellen-Ichs und eines Punkt-Ichs ist natürlich nur ein Gedankenmodell, das sich aber mit vielen aktuellen wissenschaftlichen Erkenntnissen deckt und eine Reihe von Phänomenen in einen neuen Zusammenhang bringt. Das Ganze bekommt dadurch einen neuen Sinn, der auch für unser eigenes Leben eine große Bedeutung bekommt.

Unser bewusstes „Punkt-Ich" ist über die Intuition und das Gewissen mit dem unbewussten „Wellen-Ich" verbunden. Viele unserer intuitiven Fähigkeiten und die eigentlichen Lebensziele und -aufgaben sind Ergebnisse eines gefühlten Kommunikationsprozesses zwischen dem Punkt-Ich und dem Wellen-Ich.

Der Schlüssel zum Sinn des Lebens liegt meines Erachtens in der Verknüpfung dieser unterschiedlichen Welten und dem Dialog zwischen beiden Seiten des Ichs. Erst die Raumzeit ermöglicht die Selbstwahrnehmung des Ich-Bewusstseins, da die Rückkopplung abgebremst wird und sich nicht mehr diffus in Nullzeit überlagert. Das Wellen-Ich ist auf die Selbsterkenntnis des Punkt-Ichs angewiesen. Nur das Punkt-Ich kann sich selbst wahrnehmen und sich ändern. Durch die Möglichkeit verschiedener Lebenszyklen kann das Potenzial des Wellen-Ichs, das außerhalb von Raum und Zeit existiert, verwirklicht und ergänzt werden.

Die Kraft, die hinter diesem Phänomen steht, ist die Kraft zur Vervollständigung. Die nicht-lineare Simulation der Welt ermöglicht eine permanente Weiterentwicklung, ohne dass das Ergebnis von vornherein feststeht. Das scheint der eigentliche Sinn des Ganzen zu sein. In diesem Sinne schließen sich Evolution und Schöpfung, Zufall und Wahrscheinlichkeit, Raumzeit und eine Welt außerhalb der Raumzeit nicht gegenseitig aus, sondern ergänzen sich sinnvoll.

Verwendete Literatur

1 **Ankowitsch**, Christian: „Warum Einstein niemals Socken trug - Wie scheinbar Nebensächliches unser Denken beeinflusst", e-Book Hamburg 2016

2 **Arcand**, Kimberly / Megan Watzke: „Licht - mehr als wir sehen", New York 2016

3 **Bonhoeffer**, Tobias / Peter Gruss (Hrsg.): „Zukunft Gehirn - Report der Max-Planck-Gesellschaft", München 2011

4 **Briggs**, John / F.David Peat: „Die Entdeckung des Chaos", München 1990

5 **Bryson**, Bill: Eine kurze Geschichte von fast allem", München 2005

6 **Capra**, Fritjof: „Wendezeit - Bausteine für ein neues Weltbild", Scherz-Verlag, München 1983

7 **Charon**, Jean E.: „Der Geist der Materie", Hamburg 1979

8 **Corbalán**, Fernando: „Der Goldene Schnitt - Die mathematische Sprache der Schönheit", Kerkdriel 2016

9 **Darwin**, Charles: „Gesammelte Werke", eBook e-artnow 2014

10 **Davis**, Paul / Gribbin, John: „Auf dem Weg zur Weltformel - Superstrings, Chaos, Komplexität", München 1995

11 **Dawkins**, Richard: „Der Gotteswahn", Berlin 2009

12 **Dedopulos**, Tim: „Einsteins Rätsel Universum", Potsdam 2018

13 **De Rosnay**, Joel: „Das Makroskop – Neues Weltverständnis durch Biologie, Ökologie und Kybernetik", Stuttgart 1977

14 **Dürr**, Hans-Peter: „Es gibt keine Materie!", eBook Amerang 2012

15 **Einstein**, Albert / Leopold Infeld: „Die Evolution der Physik", Hamburg 1950

16 **Feynman**, Richard P.: „QED - Die seltsame Theorie des Lichts und der Materie", eBook, München 2011

17 **Fischer**, Ernst Peter: „Das große Buch der Physik", Köln 2019

18 **Fischer**, Ernst Peter: „Das große Buch vom Menschen", München 2014

19 **Ganten**, Detlev / Thomas Deichmann/Thilo Spahl: „Leben, Natur, Wissenschaft", Köln 2003

[20] **Gell-Mann**, Murray: „Das Quark und der Jaguar – Vom Einfachen zum Komplexen – Die Suche nach einer neuen Erklärung der Welt", München 1994

[21] **Habeck, Reinhard:** „Dinge, die es nicht geben dürfte", eBook Rottenburg 2014

[22] **Haisch,** Bernhard: "Die verborgene Intelligenz im Universum", e-Book, Amerang 2015

[23] **Hawking, Stephen:** „Eine kurze Geschichte der Zeit", eBook Hamburg 2011

[24] **Hawking, Stephen:** „Das Universum in der Nußschale", Hamburg 2001

[25] **Heisenberg**, Werner: „Der Teil und das Ganze", München 1976

[26] **Horgan**, John: „An den Grenzen des Wissens - Siegeszug und Dilemma der Naturwissenschaften", Frankfurt am Main 2000

[27] **Ibánez**, Raúl: Die Vierte Dimension - Eine höhere Wirklichkeit unseres Universums", Kerdriel 2016

[28] **Kaku**, Michio: „Im Hyperraum – Eine Reise durch Zeittunnel und Paralleluniversen", Reinbek bei Hamburg 2002

[29] **Koechlin**, Florianne: „Zellgeflüster", Basel 2005Rovelli, Carlo: Die Ordnung der Zeit", Hamburg 2018

[30] **Krech**, Crutchfield: Grundlagen der Psychologie, Augsburg 2006

[31] **Lamúa**, Antonio: „Das Buch der Unendlichkeit", Kerkdriel 2016

[32] **Landua**, Rolf: „Am Rand der Dimensionen - Gespräche über die Physik am CERN", Frankfurt am Main 2008

[33] **Lanius**, Karl: „Mikrokosmos, Makrokosmos - Das Weltbild der Physik", München 1988

[34] **Laszlo**, Ervin: „Was ist Realität? Die neue Karte von Kosmos und Bewusstsein", eBook, Immenstadt 2018

[35] **Leonhard**, George: "Der Rhythmus des Kosmos"

[36] **Lindley**, David: „Die Unbestimmbarkeit der Welt - Heisenberg und der Kampf um die Seele der Physik", München 2008

[37] **Loeb**, Avi: „Außerirdisch: Intelligentes Leben jenseits unseres Planeten", eBook, Deutsche Verlagsanstalt München 2021

[38] **Marais**, Eugène M.: „Die Seele der weißen Ameise", Berlin 1956

[39] **Morrison**, Philip und Phylis: „ Zehn[Hoch] – Dimensionen zwischen Quarks und Galaxien", Verlag Zweitausendeins, Frankfurt a.M.

1994

40 **Muller**, Richard A.: "Jetzt - Die Physik der Zeit", E-Book Frankfurt a. M. 2018

41 **Nagel**, Thomas: „Geist und Kosmos", ebook Berlin 2013

42 **Niemz**, Markolf H.: „Lucy mit c – Mit Lichtgeschwindigkeit ins Jenseits", Norderstedt 2006

43 **Pfläging**, Niels: „Organisation für Komplexität", ebook München 2014

44 **Precht**, Richard David: „Tiere denken - Vom Recht der Tiere und den Grenzen des Menschen", ebook München 2016

45 **Precht**, Richard David Precht: „Künstliche Intelligenz und der Sinn des Lebens", EBook, Goldmann-Verlag, München 2020

46 **Prigogine**, Ilja: „Dialog mit der Natur - Neue Wege naturwissenschaftlichen Denkens", München 1981

47 **Richter**, Jürgen (Hrsg.): „Die Welt hinter den Dingen", Weinheim 2008

48 **Roszack**, Theodore: „Mensch und Erde – auf dem Weg zur Einheit"

49 **Rovelli, Carlo:** „Die Ordnung der Zeit", Rowohlt-Verlag, Reinbek 2018

50 **Sahtouris**, Elisabet: „Vergangenheit und Zukunft der Erde"; Darmstadt 1993

51 **Schönberger**, Martin: „Verborgener Schlüssel zum Leben", Frankfurt 1977

52 **Schrödinger**, Erwin: „Was ist Leben? - Die lebende Zelle mit den Augen des Physikers betrachtet", eBook Cambridge 2017

53 **Sheldrake**, Rupert: „Sieben Experimente, die die Welt verändern könnten", Goldmann-Verlag, München 1994

54 **Sheldrake**, Rupert: „Der Wissenschaftswahn - Warum der Materialismus ausgedient hat", eBook München 2012

55 **Sheldrake**, Rupert: „Das schöpferische Universum – Die Theorie des morphogenetischen Feldes", München 2013

56 **Sheldrake**, Rupert: „Die Wiederentdeckung der Spiritualität", e-Book München 2018

57 **Smolin**, Lee: „Im Universum der Zeit - Auf dem Weg zu einem neuen Verständnis des Kosmos", eBook München 2014

58 **Smolin**, Lee: „Quanten-Welt - Wie wir zu Ende denken, was mit Einstein begonnen hat", München 2019

59 **Sverdrup-Thygeson**, Anne: „Libelle. Marienkäfer & Co", eBook München 2019

60 **Taleb**, Nassim Nicholas: „Der Schwarze Schwan", München 2008

61 **Von Ludwiger**, Illobrand: "Das neue Weltbild des Physikers Heim - Unsterblich in der 6-Dimensionalen Welt", eBook, München 2013

62 **Von Weizsäcker**: Zeit und Wissen, Hanser-Verlag, München 1992

63 **Weber**, Renée: „Alles Leben ist Eins - Die Begegnung von Quantenphysik und Mystik", eBook Amerang 2012

64 **Widenmeyer**, Markus (Hrsg.): „Das geplante Universum", e-Book, Holzgerlingen 2019

65 **Zeilinger**, Anton: „Einsteins Schleier - Die neue Welt der Quantenphysik", München 2005

Quellenverzeichnis

1   Carl Friedrich von Weizsäcker: „Zeit und Wissen", Hanser-Verlag, München 1992, Seite 583

2   Joel de Rosnay: „Das Makroskop – Neues Weltverständnis durch Biologie, Ökologie und Kybernetik", Stuttgart 1977, Seite 83

3   Deutscher Philologenverband: Profil 5/2020, Seite 37

4   Philologenverband Niedersachsen: „Gymnasium in Niedersachsen" 1/2020, Seite 30 ff

5   Unterrichtung durch die Bundesregierung: „Bericht zur Risikoanalyse im Bevölkerungsschutz 2012", Anhang 4 „Risikoanalyse Pandemie durch Virus Modi-SARS", Deutscher Bundestag Drucksache 17/12051, Seite 56

6   John Briggs / F. David Peat: „Die Entdeckung des Chaos", München 1990

7   Nassim Nicholas Taleb: „Der Schwarze Schwan", München 2008, Seite 41

8   Richard David Precht: „Künstliche Intelligenz und der Sinn des Lebens", EBook, Goldmann-Verlag, München 2020, Seite 182

9   Philip und Phylis Morrison: „ Zehn^{Hoch} – Dimensionen zwischen Quarks und Galaxien", Verlag Zweitausendeins, Frankfurt a.M. 1994, Seiten 29 ff

10   Rüdiger Vaas: „Auf der Suche nach dem Rand der Welt", Bild der Wissenschaft 11-2017, Seite 14

11   Rüdiger Vaas: „Der Horizont unseres Universums", Bild der Wissenschaft 11/2017, Seite 18

12   Ebenda Seite 20

13   Vgl. Geo-TV-Serie „Die Geheimnisse der Quantenphysik"

14   Rüdiger Vaas: „Das Fundament der Welt", Bild der Wissenschaft 4/2020, Seite 17

15 Paul Davis, John Gribbin: „Auf dem Weg zur Weltformel -
Superstrings, Chaos, Komplexität", München 1995, Seite 111

16 Rüdiger Vaas: „Die Himmelsleiter", Bild der Wissenschaft 4-2020,
Seite 21

17 Rüdiger Vaas: „Die Kraft hinter dem Urknall", Spektrum der
Wissenschaft 11/2018, Seite 18

18 Hans-Peter Dürr: „Es gibt keine Materie!", eBook, Amerang 2012,
Position 192

19 Anna Ijja, Paul J. Steinhardt, Abraham Loeb: „Inflationsmodell in
der Kritik", Spektrum der Wissenschaft 6/2017, Seite 15

20 Manon Bischoff-Interview: „Das Universum als zellulärer
Automat". Spektrum der Wissenschaft 12/2018 Seite 21

21 Spektrum der Wissenschaft: „Schleimpilz verrät Struktur des Alls",
6/2020, Seite 11

22 Sabine Hossenfelder, Stacy S. McGaugh: „Gibt es Dunkle
Materie wirklich?", Spektrum der Wissenschaft Kompakt 4/2021,
Seite 19 ff

23 Andreas Müller: „Neuste Messung zeigt: Das Universum dehnt
sich schneller aus, als es sollte", Grenzwissenschaft-Aktuell
12.04.2016

24 Markus Becker:" Satellit erblickt die ersten Momente des Alls",
Spiegel online 17.03.2006

25 Vgl. Dirk Eidemüller: „Wo die fehlende Materie steckt", Bild der
Wissenschaft 12/2018 Seite 58

26 Natalie Wolchover: „Der Anfang vom Ende Dunkler Materie?",
Spektrum der Wissenschaft, Die Woche &/2017, Seite 28 ff

27 Spektrum der Wissenschaft: „Die Schwarzen Löcher des
Urknalls", 10-2017, Seite 14

28 Juan Garcia-Bellido und Sébastian Clesse: „Die Schwarzen
Löcher des Urknalls" Spektrum der Wissenschaft 10/2017, Seite
18

29 S. Bredley Cenko, Neil Gehreis: „Schwarze Löcher als
Sternzerstörer", Spektrum der Wissenschaft 7/2017, Seite 15

30 Rüdiger Vaas: „Schwarze Löcher mit weichen Härchen", Bild der Wissenschaft 1/2017, Seite 48

31 Renée Weber: „Alles Leben ist Eins - Die Begegnung von Quantenphysik und Mystik", eBook, Amerang 2012. Position 5043

32 Olaf Stampf: „Hilfreiche Sternenfresser", Der Spiegel 41/2020

33 Carl Friedrich von Weizsäcker: „Zeit und Wissen", Hanser-Verlag, München 1992, Seite 815

34 Vgl. Rüdiger Vaas: „Die Mulden der Schwerkraft", Bild der Wissenschaft 6/2020, Seite51

35 Stephen Hawking: „Das Universum in der Nußschale", Hamburg 2001, Seite 42

36 Tim Dedopulos: „Einsteins Rätsel Universum", Potsdam 2018, Seite 39 und 188

37 Dirk Eidemüller: "Wo die Schwerkraft Streiche spielt", Bild der Wissenschaft 1/2018, Seite 38

38 Ebenda Seite 39

39 Detlef Scholz: „Der Puls des Podkletnow – Gravitomagnetismus im Labor", Raum & Zeit 228/2020, Seite 41

40 „Feinstruktur der Antimaterie", Spektrum der Wissenschaft 5/2020, Seite 10

41 Gabriel Chardin: „Rätselhafte Masse", Spektrum der Wissenschaft Kompakt 4/2021, Seite 33

42 Bill Bryson: Eine kurze Geschichte von fast allem", München 2005, Seite 164

43 Vgl. Bernhard Haisch: "Die verborgene Intelligenz im Universum", eBook, Amerang 2015. Seite 71

44 Markus Widenmeyer (Hrsg.): „Das geplante Universum", eBook, Holzgerlingen 2019, Seite 9

45 Bernhard Haisch: "Die verborgene Intelligenz im Universum", eBook, Amerang 2015, Seite 126

46 Ute Kehse: „Exoplanet vor der Haustür", Bild der Wissenschaft 5/2017, Seite 42

47 Ebenda Seite 44

48   Avi Loeb: „Außerirdisch: Intelligentes Leben jenseits unseres Planeten", eBook, Deutsche Verlagsanstalt München 2021, Seite 81

49   Spiegel-Online 12.08.2016: „Wissenschaftliche Sensation: Mögliche zweite Erde in unserer Nachbarschaft entdeckt".

50   Avi Loeb: „Außerirdisch: Intelligentes Leben jenseits unseres Planeten", eBook, Deutsche Verlagsanstalt München 2021, Seite 72

51   Technology Review Spezial 1/2017, Seite 45: „Wo ist die zweite Erde?"

52   Vgl. Bernhard Haisch: "Die verborgene Intelligenz im Universum", eBook, Amerang 2015, Seite 23

53   Hans-Peter Dürr: „Es gibt keine Materie!", eBook Amerang 2012, Position 305

54   Norbert Lossau: „Physiker lösen Rätsel des Protonenradius", Welt-Online vom 19.11.2019

55   Arntz, Chassse und Vicente: „Bleep", Kirchzarten 2006, Seite 36

56   Richard A. Muller: "Jetzt – Die Physik der Zeit", E-Book Frankfurt a. M. 2018, Seite 202

57   Murray Gell-Mann: „Das Quark und der Jaguar – Vom Einfachen zum Komplexen – Die Suche nach einer neuen Erklärung der Welt", München 1994, Seite 284

58   Rolf Landua: „Am Rand der Dimensionen - Gespräche über die Physik am CERN", Frankfurt am Main 2008, Seite 75

59   Ernst Peter Fischer: „Das große Buch der Physik", Köln, Seite 125

60   Antoine Tilloy: „Quantengravitation - Für immer unvereinbar?", Spektrum der Wissenschaft 8/2019, Seite 13

61   Richard A. Muller: "Jetzt – Die Physik der Zeit", E-Book Frankfurt a. M. 2018, Seite 79

62   Vgl. https://www.weltderphysik.de/thema/albert-einstein-und-die-relativitaetstheorie/energie-masse-aequivalenz/

63   Ernst Peter Fischer: „Das große Buch der Physik", Köln, Seite 61

64 Vgl.: https://www.spektrum.de/news/was-verraet-die-quantentheorie-ueber-die-realitaet/1592854

65 Stephen Hawking,: „Eine kurze Geschichte der Zeit", Rowohlt-Verlag, Hamburg 1988, Seite 215

66 Kimberly Arcand / Megan Watzke: Licht – Mehr als wir sehen", Fackelträger-Verlag New York 2016, Seite 181

67 Robert Gast: „Gravitationswellen: Das raumzeitbeben von NGC 4993", Spektrum der Wissenschaft 1/2018, Seite 61

68 Werner Heisenberg: „Der Teil und das Ganze", München 1976, Seite 271

69 David Lindley: „Die Unbestimmbarkeit der Welt - Heisenberg und der Kampf um die Seele der Physik", München 2008, Seite 206

70 Spiegel online 17.06.2004

71 Berliner Zeitung 17.06.2004

72 Jürgen Richter (Hrsg.): „Die Welt hinter den Dingen", Weinheim 2008, Seite 97

73 Berliner Zeitung 12.08.1998

74 Vgl. Markolf H. Niemz: „Lucy mit C – Mit Lichtgeschwindigkeit ins Jenseits", Norderstedt 2016, Seite 27 ff

75 Fritjof Capra: „Wendezeit – Bausteine für ein neues Weltbild", Scherz-Verlag, München 1983, Seite 46

76 Ilja Prigogine: „Dialog mit der Natur - Neue Wege naturwissenschaftlichen Denkens", München 1981, Seite 29

77 Bernhard Haisch: "Die verborgene Intelligenz im Universum", eBook, Amerang 2015, Seite 23

78 Carlo Rovelli: „Die Ordnung der Zeit", Rowohlt-Verlag, Reinbeck 2018, Seite 164

79 Lee Smolin: „Im Universum der Zeit - Auf dem Weg zu einem neuen Verständnis des Kosmos", eBook München 2014, Position 52

80 Lee Smolin: „Im Universum der Zeit - Auf dem Weg zu einem neuen Verständnis des Kosmos", eBook München 2014, Position 77

81 Albert Einstein / Leopold Infeld: „Die Evolution der Physik", Hamburg 1950, Seite 318

82 Markolf H.Niemz: „Lucy mit c – Mit Lichtgeschwindigkeit ins Jenseits", Norderstedt 2006, Seite 115

83 Richard A. Muller: "Jetzt – Die Physik der Zeit", E-Book Frankfurt a. M. 2018, Seite 166

84 Richard A. Muller: "Jetzt – Die Physik der Zeit", E-Book Frankfurt a. M. 2018, Seite 226

85 Richard A. Muller:"Jetzt – Die Physik der Zeit", E-Book Frankfurt a. M. 2018, Seite 237

86 Vgl. Richard A. Muller:"Jetzt – Die Physik der Zeit", E-Book Frankfurt a. M. 2018, Seite 25

87 Vgl. Richard A. Muller:"Jetzt – Die Physik der Zeit", E-Book Frankfurt a. M. 2018, Seite 225

88 Richard A. Muller: "Jetzt – Die Physik der Zeit", E-Book Frankfurt a. M. 2018, Seite 9

89 Richard A. Muller: "Jetzt – Die Physik der Zeit", E-Book Frankfurt a. M. 2018, Seite 248

90 Richard A. Muller: "Jetzt – Die Physik der Zeit", E-Book Frankfurt a. M. 2018, Seite 270

91 Richard A. Muller:"Jetzt – Die Physik der Zeit", E-Book Frankfurt a. M. 2018, Seite 258

92 Richard A. Muller: "Jetzt – Die Physik der Zeit", E-Book Frankfurt a. M. 2018, Seite 399

93 Haramein, Nassim in Laszlo, Ervin: „Was ist Realität? Die neue Karte von Kosmos und Bewusstsein", eBook, Immenstadt 2018, Seite 130

94 Ebenda Seite 129

95 Michio Kaku: „Im Hyperraum – Eine Reise durch Zeittunnel und Paralleluniversen", Reinbek bei Hamburg 2002, Seite 49

96 Ebenda Seite 66

97 Hans-Peter Dürr: „Es gibt keine Materie!", eBook, Amerang 2012, Position 265

[98] Laszlo, Ervin: „Was ist Realität? Die neue Karte von Kosmos und Bewusstsein", eBook, Immenstadt 2018, Seite 52

[99] Ebenda Seite 53

[100] Renée Weber: „Alles Leben ist Eins - Die Begegnung von Quantenphysik und Mystik", eBook Amerang 2012, Position 1588

[101] Raúl Ibánez: Die Vierte Dimension - Eine höhere Wirklichkeit unseres Universums", Kerdriel 2016, Seite 107

[102] Illobrand von Ludwiger: "Das neue Weltbild des Physikers Heim - Unsterblich in der 6-Dimensionalen Welt", eBook, München 2013, Seite 15

[103] Ebenda Seite 27

[104] Ebenda Seite 48

[105] Ebenda Seite 60

[106] Ebenda Seite 88

[107] Ebenda Seite 100

[108] Vgl. Ilja Prigogine: „Dialog mit der Natur - Neue Wege naturwissenschaftlichen Denkens", München 1981

[109] Renée Weber: „Alles Leben ist Eins - Die Begegnung von Quantenphysik und Mystik", eBook, Amerang 2012. Position 624

[110] Ebenda Position 1020

[111] Ebenda Position 1227

[112] Ebenda Position 2331

[113] Stephan A. Schwartz in Laszlo, Ervin: „Was ist Realität? Die neue Karte von Kosmos und Bewusstsein", eBook, Immenstadt 2018, Seite 171

[114] Laszlo, Ervin: „Was ist Realität? Die neue Karte von Kosmos und Bewusstsein", eBook, Immenstadt 2018, Seite 40 und 41

[115] Ebenda Seite 56

[116] Ebenda Seite 58

[117] Anton Zeilinger: „Einsteins Schleier - Die neue Welt der Quantenphysik", München 2005, Seite 217

[118] Lee Smolin: „Quanten-Welt - Wie wir zu Ende denken, was mit Einstein begonnen hat", München 2019, Seiten 328 und 348

[119] Jean E. Charon: „Der Geist der Materie", Hamburg 1979, Seite 223

[120] Hans Würtz: „Jenseits des Elektromagnetismus", Raum&Zeit 219/2019, Seite 50 ff

[121] Eugène M. Marais: „Die Seele der weißen Ameise", Berlin 1956

[122] Kaku, Michio: „Im Hyperraum – Eine Reise durch Zeittunnel und Paralleluniversen", Reinbek bei Hamburg 2002, Seite 306

[123] Vgl. Rupert Sheldrake: „Sieben Experimente, die die Welt verändern könnten", Goldmann-Verlag, München 1994